KB194025

한나 아렌트가 필요 없는 사회

한나 아렌트가 필요 없는 사회

초판 1쇄 발행 2025년 4월 21일

–

지은이 윤은주

펴낸이 이방원

책임편집 이희도 **책임디자인** 박혜옥

기획 김명희 **마케팅** 최성수 **경영지원** 이병은

–

펴낸곳 세창출판사

신고번호 제1990-000013호 **주소** 03736 서울특별시 서대문구 경기대로 58 경기빌딩 602호

전화 02-723-8660 **팩스** 02-720-4579 **이메일** edit@sechangpub.co.kr

홈페이지 http://www.sechangpub.co.kr **블로그** blog.naver.com/scpc1992

페이스북 fb.me/Sechangofficial **인스타그램** @sechang_official

–

ISBN 979-11-6684-404-1 03160

한나 아렌트가 필요 없는 사회

윤은주 지음

세창출판사

희망을 그리다

　　새로 쓰듯 교정본 원고를 넘기던 날, 이른 새벽부터 칼바람에 눈발이 날렸다. 참으로 어둑하고 스산한 3월의 봄날이었다. 지금 마주하고 있는 우리의 현실 같았다. 갤 듯 개지 않은 어스름함이었다. 그런데 늦은 오후, 햇살이 쏟아졌다. 변덕스러운 날씨에라도 기대고 싶은 날이었나 보다. 오후 햇살에서 우리의 시간이 맞이할 희망이 보였다. 희망은 꿈꾸는 자의 것이고, 수고하고 노력하는 이에게 현실이 된다고 믿는다. 아렌트가 필요 없다고 내지른 제목과 달리, 그 길에 아렌트가 함께했으면 하는 바람으로 글을 썼다.

　　오래된 기억을 반추하듯 내가 쓴 글들을 읽고 또 읽었다. 어리석고 모자란 글들이지만 글쓰기에 보탰다. 이 책에 실린 아렌트에 대한 이해는 전적으로 내 것이다. 내 이야기가 낯설거나 맞지 않는 이들이 있을 것이다. 오독이나 오해도 무시하진 못할 터다. 그래도 아렌트를 이렇게 읽는 사람도 있구나, 너른 마음으로 읽어주길 기대한다.

2025.4.
평범하게, 게으르지 않게
윤은주 쓰다

차례

희망을 그리다

약어표

BPF: 『과거와 미래 사이: 정치사상에 관한 여덟 가지 철학 연
습Between Past and Future: Eight Exercises in Political Thought』

EJ: 『예루살렘의 아이히만The Eichmann in Jerusalem』

HC: 『인간의 조건The Human Condition』

LM: 『정신의 삶The Life of the Mind』

OR: 『혁명론On Revolution』

OT: 『전체주의의 기원The Origins of Totalitarianism』

PP: 『정치의 약속The Promise of Politics』

RV: 『라헬 파른하겐: 어느 유대인 여성의 삶Rahel Varnhagen: the
life of a Jewish woman』

일러두기

주로 인용되는 저서는 약어표와 같이 표기한다.

인용문은 모두 저자가 원전을 우리말로 옮긴 것이다.

1

한나 아렌트가 필요한 시대

2024년 12월 3일 늦은 저녁, 대통령이 비상계엄을 선포했다. 그 이유는 국회가 입법 독재를 통해 국가의 사법·행정 시스템을 마비시키고 자유민주주의 체제의 전복을 기도하고 있다는 것이다. 국회 본회의에 참석하기 위해 국회 담을 넘는 의원들, 본회의 개최를 저지하려고 국회에 난입하는 군·경찰들, 그리고 이들을 막기 위해 몸으로 저지선을 만든 시민들, 긴박하게 돌아가는 여의도에 전운이 감돌며 온갖 힘들이 부딪쳤다. 삐걱거리는 불안 상황에서, 국회 본회의 참석 인원의 전원 찬성으로 '비상계엄 해제 요구 결의안'이 가결되면서, 사태는 6시간 만에 일단락되었다. 전 세계의 이목이 쏠렸던 대통령의 비상계엄 선언은 국민의 지지를 받지 못한 어설픈 하룻밤의 악몽이 되었다.

길지 않은 시간의 여파는 예상외로 컸다. 대외 신임도의 추락, 경제적 불안 심리 고조, 정치적 극단 대립은 국정을 비롯해 국민의 생활을 뒤흔들었다. 대통령 탄핵을 둘러싼 여야의 극단적 대립과 국민 의지의 분열은 우리나라 정치 상황을 가파른 절벽으로 내몰았다. 정치적 및 경제적 불안을 해소하고 민생을 안정시키는 바쁜 걸음으로 한 해를 마무리해야 할 때, 대한민국의 모든 것이 뒤엉키고 혼란스럽다.

계엄과 탄핵이라는 불안한 정치적 상황에서, 우리는 어떻게 행동하는 것이 옳은지 결정해야 할 엄청난 정치적 숙제와 대면하고 있다. 한 발만 잘못 내디디면 절벽으로 떨어질지 모르는, 한 치 앞도 내다볼 수 없는 안개 속에 서 있다. 언젠가 안개는 걷힐 것이고, 우리가 서 있는 곳이 어딘지 분명하게 보일 것이다. 앞이 보이지 않아도 올바른 판단을 내렸다 믿고 행동한다면, 걷는 걸음의 종착지에 도달했을 때 불안하거나 후회하지 않을 것이다. 하지만 아무것도 하지 않고 서 있으면, 안개가 걷히더라도 불안해서 갈팡질팡하게 될 것이다. 안개 속일지라도 우리는 걷고 또 걸어야 한다. 발걸음을 멈출 수는 없다. "잘 모르겠어, 옳은 게 또 옳은지, 난 거스르겠어, 그른 게 또 그른지 또 맞는지…. 잘 모르겠어, 좋은 게 또 좋은지, 난 거스르겠어, 조금씩 더 조금씩 길 찾아." 대중가요 〈훨훨〉의 노랫말이다. 잘 모르겠지만 그래도 한 걸음 내디뎌야 한다는 노랫말처럼, 우리는 용기를 내서 걸어야 한다.

뒤엉킨 실타래를 풀려면 명석 판명한 판단력과 과감한 결단력, 그리고 용기 있는 실천력이 필요하다. 잘 풀리지 않는다면 가윗날을 예리하게 벼려서 뒤엉킨 실타래를 과감히 잘라내야 한다. 하지만 우리 손에 가위가 쥐어져 있던가? 한 올의 실조차 잘라내지 못하는 무딘 가위를 쥐고 있는 것은 아닌가? 가위라도 쥐고 있다면 무딘 날을 갈아서 쓰면 되겠지만, 빈손이라면 상황은 더 힘들어진다. 정치적 불안이 만들어낸 짙은 안개가 우리의 가위 찾기를 방해하고 있다. 시간이 지나면 안개는 걷힐 것이다. 그렇다고 문제 또한 자연히 해결될 것이라 낙관할 수 없다. 엄청나게 많은 정보가 주위에 가득한 데 무엇이 제대로 된 정보인지 알 수가 없다. 그럴듯한 가짜뉴스가 홍수처럼 밀려오고, 진리와 의견이 부딪치고, 사실과 거짓말이 뒤섞여, 머릿속을 헝클어놓는다.

이야기의 진위를 함께 가릴 수 있다면 좋을 것이다. 하지만 진위를 가리자고 편 가르기를 하고 마녀사냥을 나서고 있다. 태극기의 태극 문양은 시작과 끝이 빨강과 파랑으로 서로 맞물려 돌아가며 화합을 이룬다. 그 태극이 지금 둘로 갈라졌다. 같은 색은 위에 있고 옳은 것이며, 다른 색은 아래에 있고 그른 것이다. 아래에 있는 것, 그른 것은 없애고 오로지 한 가지 색만 남아야 한다. 빨강이든 파랑이든 하나만 정의롭다. 사람들은 한 방향만 쳐다보고 정신없이 달린다. 태극에는 위아래가 있지 않고, 옳고 그름이 있지도 않다. 무슨 색이냐가 중요하지도 않다. 태극은 본래 하나다. 우리가 해야 할 일은 같은 편이 되라고 윽박지르는 것이 아니라 함께하는 것이다. 옳은 결정으로 정치적 위기에서 벗어나야 한다. 지금 한국 사회의 머리 위로 전체주의의 유령이 배회하고 있다. 유령을 잡지 못한다면, 우리는 어두운 시대 속으로 가라앉을 것이다.

튀르키예 소설가 쥴퓌 리바넬리의 『마지막 섬』은 인류가 꿈꾸는 유토피아처럼, 평화롭고 자유로운 곳이었다. 민주주의적 권력을 대표한다는 전직 대통령 내외와 손녀가 오면서 섬의 평화는 깨졌고, 섬 주민들의 유토피아는 디스토피아가 되었다. 내 것과 네 것을 구분하지 않던 사람들이 자기 집 주변에 울타리를 치고, 자기 물건에 값을 매기기 시작했다. 평화롭게 공생하던 갈매기에게 억지스러운 폭력도 행사했다. 모든 것을 민주주의적 방식인 투표로 결정했지만, 민주주의적으로 해결된 것은 없었다. 섬 주민들은 달콤한 권력의 맛을 보았고, 자본주의의 헛된 욕망을 꿈꿨다. 평화로웠던 일상에 공포와 두려움이 스며들었고, 자신을 지키겠다며 폭력을 일삼았다. 전체주의의 그림자가 섬을 휘감아 돌고, 일상은 악몽이 되었다. 하지만 그런 삶에 누구도 분노하거나 저항하지 않았다. 뻔한 결말이 보이는 끝을 향해 헛된 욕망을 채우고자 달리고 또 달렸다. 섬에서 가장 천대받던 이가 온몸으로 저항했을 때, 비로소 악몽의 마침표를 찍었다. 그렇게 섬은 제목처럼 마지막이 되었다.

　　소설의 내용을 되새김질해본다. 무엇이 섬의 평화를 깨뜨렸을까? 전직 대통령의 독재였을까, 손녀를 공격한 갈매기의 폭력이었을까? 질문을 던진 순간 무슨 답이 나올지 우리는 잘 알고 있다. 대통령도 갈매기도 아니다. 섬의 평화를 깨뜨린 것은 잘못임을 알면서도 침묵했던 우리 안에 숨겨진 욕망이었다. 평화로운 일상이, 자유로운 일상이 잠시 숨겨주었던 탐욕이 허약해진 생각의 빈틈을 비집고 모습을 드러낸 것이다.

　　네 탓이라 하고 싶을 것이다. 나는 아니라고 말하고 싶을 것이다. 시키는 대로 했을 뿐이라고, 다른 사람도 다 그렇게 했을 것이라고 말하고 싶을 것이다. 자기 앞에 놓인 상황이 어떤 결과를 가져올지 생각하지 않고, 생각했더라도 잔혹한 결과에 애써 눈감으려 했음을 인정하고 싶지 않을 것이다. 허약해진 생각의 빈틈에 변명도 한 자리를 차지한다. 남 위에 있고 싶고 남보다 많이 갖고 싶은 마음은 나만이 아니라 모두에게 있다. 그러니 그것이 꼭 나쁜 것은 아니다. 악한 마음은 태어날 때부터 악인이라 낙인찍혔던 사람의 것이지 내 것은 아니다. 그렇게 믿고 싶다. 마치 자신의 출세와 명예를 위해 수많은 사람의 죽음에 생각을 멈추고 눈 감았던 아이히만처럼 말이다. 허약해진 생각의 빈틈은 예외 없이 우리의 마음에 있다. 누구나 아이히만이 될 수 있다는 경고를 우리는 기억해야 한다.

　　안중근의 이야기를 담은 영화 〈하얼빈〉이 개봉 이틀 만에 백만 관객을 끌어들였다는 기사를 접했다.

16

2024년 12월 혹한의 눈보라를 맞고 있는 우리나라 정치 현실에서, 사람들은 죽음을 두려워하지 않고 정의를 실천하려 했던 안중근의 이야기가 난국을 해결할 방법을 알려줄 길라잡이가 될 것이라 여긴 모양이다. 우리는 안중근을 어떤 어려움에도 흔들리지 않는 강인한 의지를 지닌 사람으로 기억한다. 우리처럼 평범한 사람이 아니라 큰일을 하기 위해 태어난 선택받은 특별한 사람이라고. 우리와 전혀 다른 차원에 있는 사람이며, 그의 아우라는 우리에게 두 손을 가지런히 모으고 존경해야 한다고 이야기한다. 그런데 영화 속 안중근은, 우리의 기억과는 달리, 강인함보다 큰일을 앞두고 고뇌하는 인간으로 그려졌다고 한다. 그런 안중근이라면, 힘든 일 앞에서 고민하고 괴로워하는 우리와 같은 평범한 사람이라면, 왠지 모를 안도감이 생기지 않는가. 불안한 정치 현실에서 한 걸음 물러나 관망해도 덜 미안한, 단칼에 베지 않고 충분히 생각해서 결정해도 늦지 않을 것 같은, 그렇게 된다면 들쑥날쑥했던 마음이 좀 가라앉지 않을까.

불안한 마음이 가라앉았다면, 이제 한 걸음 내디딜 용기를 내보자. 현실에 대한 정확한 분석과 비판을 위해 생각하는 것에서 시작하자. 정보를 수집하고, 다른 사람의 의견을 듣고, 무엇이 옳은지 논쟁하고, 필요한 결정을 내리는 여정을 이어가자. 혼자 가는 여행도 좋지만, 아무래도 함께할 동무가 있다면 더 좋을 것이다. 여럿이 머리를 맞대고 논의하다 보면 좋은 의견들이 나올 것이다. 의견들이 만나 불꽃을 모으고, 모인 불꽃은 실천이라는 거대한 화산으로 폭발하여 세상을 변화시킬 것이다.

세상을 변화시키기 위해 삼삼오오 모여보자. 모임에는 별다른 준비물이 필요 없다. 열심히 생각하고 자유롭게 이야기하면 된다. 이야기하는 장소가 거창할 필요도 없다. 날이 좋다면 잔디밭도 나쁘지 않다. 모여서 이야기를 나눌 수 있다면, 그곳이 우리가 찾는 공론장이다. 공론장은 독단적 결정에 끌려다니지 않도록 다양한 이야기가 만들어지는 곳이다. 이야기한 끝에 좋은 합의에 이르면 좋겠지만 억지로 결과를 만들 필요는 없다. 위르겐 하버마스는 공론장에 참여하는 사람들의 조건과 그들로부터 얻어지는 합의를 중요하게 생각하지만, 함께 생각하고 소통한다는 것에 방점을 찍는 것이 좋겠다. 이것이 지금 우리에게 아렌트가 필요한 이유다.

2

인간적인 너무나 인간적인

● 인간의 자리: 최상위 포식자이자 먹잇감으로

　　최상위 포식자인 인간은 최소의 투자로 최대의 이익을 얻을 수 있는 데다 마구 가져다 써도 저항하지 않는 말 잘 듣는, 그래서 우리에게 무한대로 퍼주는 아낌없이 주는 나무로 자연을 대한다. 하지만 인간에 대한 자연의 배려는 이제 끝이 났다. 봄가을은 사라지고 여름이 뜨겁게 달궈진다. 한낮의 더위를 식히는 국지성 소나기는 슬쩍 스쳐 지나가고, 장기간 지속된 불볕더위에 농작물은 타들어간다. 폭염 끝에 찾아온 겨울은 강추위와 폭설로 모든 것을 얼려버렸다. 이제 자연은 인간에게 너그럽지 않다. 화수분처럼 쏟아낼 줄 알았던 자연은 우리에게 선물 주기를 거부한다. 사계절이 뚜렷한 온대성 기후로 사람 살기 좋은 한반도라는 지리 교과서의 내용은 삭제되어야 할지 모른다.

자연이 선물 주기를 거부한 순간, 불안하게 줄타기하던 경제적 균형이 깨지면서 사람들의 일상도 타들어 갔다. 이제 더는 살기 좋은 우리나라가 아니다. 환경 운동가들이 잘난 척하며 요란하게 외치는 구호라고 여겼던 기후 위기의 심각성은 우리뿐만 아니라 전 지구적 문제가 되었다. 발등에 떨어진 불은 숨 한 번에 사그라지지 않고, 오히려 들불처럼 번져간다. 이제 자연은 예스맨이 아니다. 당연하게 여겼던 인간의 행동에 자연도 아프다고 소리 지르고 분노하고 저항하기 시작했다. 인간은 악어의 먹잇감이 될 뻔한 공포를 직접 경험하고 나서야 자신이 자연의 먹이사슬을 연결하는 힘없는 하나의 연결고리임을 깨닫는다. 이제 인간은 절대 권력의 최상위 포식자가 아니라 다른 자연물과 마찬가지로 또 다른 먹잇감일 뿐이다.

불안한 기후 변화에 대응하기 위해 인간에게 태도 바꾸기를 요청한다. 인간만이 유일한 주체이며, 인간을 제외한 모든 것은 유한한 대상이라는 인간 중심적 세계관에서 벗어나라고 한다. 지구라는 행성은 인간만이 주체이자 주인이 아니라 모든 살아 있는 것이 주체이자 주인임을 알아야 한다. 생태 철학자나 환경 철학자의 외침은, 이제까지 자연을 착취의 대상으로 삼았던 폭력적 행동을 반성하는 인간의 고해성사다. 하지만 자기반성에도 여전히 선택적 상황이 온다면, 인간은 제일 먼저 자신을 선택할 것이다. 절망적 처지에 놓이더라도 인간이 있어야 절망이든 뭐든 의미가 있는 것이지, 인간 없는 세계는 무의미하기 때문이다. 돌고 돌아 우리가 도달한 곳은 결국 인간이다.

세계를 해석하는 인간의 힘이 지금의 삶을 가능하게 했으며, 살아남기 위한 자구책일지라도 생각하고 또 생각해서 새로운 것을 만들거나 현재를 지속시킨다. 세계는 도태하거나 진화하는 수많은 물질로 구성되지만, 과거에서 현재로, 그리고 현재에서 미래로 연결하는 것은 다름 아닌 인간의 몫이다. 중요한 것은 생각되는 대상이 아니라 생각하는 인간이다. 물론 대상이 없다면 생각조차 할 수 없을 것이다. 하지만 생각의 주체가 없다면 생각이란 활동도 없다. 생각하는 주체가 생각하지 않는다면, 생각되는 대상은 생각될 수 없다. 있어도 있을 수 없는 것, 대상은 없음無이다. 닭이 먼저냐, 달걀이 먼저냐이겠지만, 마음이 기우는 쪽은 생각하는 주체로서 인간이 있어야 생각되는 대상이 있다는 것이기에, 이야기는 인간에게서 시작해야 한다.

1906년 독일 하노버에서 출생해서 1975년 미국 뉴욕에서 사망하기까지 아렌트의 삶은 온갖 시련들로 가득했다. 두 차례의 세계대전, 전체주의적 독재 정치의 폭력, 그리고 제국주의적 자본주의의 횡포는 아렌트뿐만 아니라 전 세계 사람들을 공포와 두려움의 아수라장으로 밀어 넣었다. 인간이 할 수 있는 최선은 살아남는 것이다. 아렌트는 침묵한 채 죽음의 가스실로 향하고, 죽고 죽이는 전쟁터로 끌려가며, 인종차별이나 절대적 빈곤으로 죽음의 경계에 설 수밖에 없는 인간을 바라본다. 시선 끝에서 아렌트가 해야 할 일은 위험에서 벗어날 방법을 찾기 위해 사람들과 함께 생각하고 말하는 것이다.

2020년 COVID-19라는 지독한 전염병으로 전 세계가 얼어붙었다. 세상을 이어주던 온갖 길이 막히고, 제살길을 찾느라 다른 사람을 생각할 여유도 사라졌었다. 시간이 흘러 전염병의 시대는 지나간 듯하지만, 여전히 세상은 평화롭기보다 어수선하고 불안정하다. 사람 만나기가 두렵고, 먹고 살기는 힘들다. 정치는 불안정하고, 기후 변화가 삶을 위협한다. 인간의 힘으로는 어찌할 수 없는 세상이 온 듯하다. 그런 세상은 저절로 만들어진 것이 아니라 인간이 만든 것이다. 인간의 욕망이 빚어낸 위험이 세계 곳곳에 퍼져 불안과 두려움을 양산해낸다. 아렌트가 지금을 바라본다면, 생각하고 말하는 인간에게만 의지하지는 않았을 것 같다. 하지만 결국 문제를 해결할 수 있는 판단과 실천의 주체는 인간이라고 생각하지 않을까. 그래서 아렌트는 인간적인 너무나 인간적인 정치사상가다.

● 인간은 무엇인가?

서양철학이 움트기 시작했다고 보는 2400여 년 전 고대 그리스의 자연 철학자들은 우주를 구성하는 것이 무엇인지에 관심을 기울였다. 철학을 전공하지 않아도 자연을 구성하는 원소가 무엇이냐는 물음에 물, 불, 공기, 흙이라는 자연의 4원소설을 떠올린다. 진짜 자연이

물, 불, 공기 흙으로 구성되어 있느냐 하면 논리적인 사유의 추론 결과라 진짜인지 아닌지 알 수 없다고 답할 것이다. 최초의 철학자로 알려진 탈레스가 별 보기에 집중하다가 웅덩이에 빠지자, 하녀가 자기 발밑에 있는 웅덩이도 못 보면서 우주를 논한다고 웃었다는 일화가 있다. 실험 과학이 발전하지 않았던 그때 철학자들은 몸으로 움직이기보다 머리로 생각하는 것에 몰두했을 것이다.

그렇게 목이 아프도록 하늘만 쳐다보던 철학자의 시선이 인간을 향하게 된 것은 소크라테스 이후다. 소크라테스, 플라톤, 아리스토텔레스로 이어지는 고대 그리스의 철학자들이 내놓은 '인간'에 대한 답은 이성의 울타리에서 진리를 찾기 위해 끝없이 지적 향연을 펼치는 여행자였다. 인간과 좋은 삶에 대한 답을 찾는 여행자의 고단한 여정은 계속되었다. 아버지의 당부를 잊은 채 태양으로 돌진한 이카루스처럼 추락하다가 신에게 구원을 요청하기도 한다. 그렇게 신의 세계를 떠돌다 인간은 다시 땅으로 내려온다. 합리적인 과학주의의 세계로 떠돌던 인간은 견고한 이성의 탑을 쌓아간다. 하지만 자본주의와 전체주의의 혹독함이 가져온 절망적 상황은 이성의 탑을 무너뜨리기에 충분했다. 판도라 상자 속 희망을 끌어안고 무너진 탑을 쌓으려는 인간의 노력은 비상과 추락, 파괴와 건설을 반복하며 지금으로 이어진다.

수백억을 쏟아부은 블록버스터 영화처럼 수많은 사건으로 넘쳐나는 시대에, 철학의 임무는 인간은 무엇인가, 인간은 어떻게 살아야 하는가의 답을 구하는 것이다. 아리스토텔레스의 철학을 몰라도, 인간이 도달해야 할 목적지가 행복한 삶, 좋은 삶임은 누구나 안다. 소크라테스는 무지를 벗어나 앎의 세계로 가기 위해 끊임없이 묻고 또 물었으며, 플라톤이나 칸트는 이데아를 찾기 위해 엄격한 철학적 진리의 세계로 향했다. 현실의 행복을 위해 중용의 삶을 선택한 아리스토텔레스나 더 많은 이익을 추구하기 위해 애쓴 공리주의자들, 그리고 자본주의적 절망에서 벗어나려는 유물론적 사유에 이르기까지 철학자들은 답을 찾기 위해 생각하고 또 생각했다. 이 가운데 정답이 있을까? 정답이란 것이 있긴 한 걸까? 답도 없으면서 괜히 시간만 낭비하는 것은 아닐까? 아무것도 확신할 수 없으니, 철학적 사유 자체는 쓸데없는 시간 낭비가 아닌가 싶기도 하다. 솔직히 철학은 늪과 같다. 살짝 맛만 볼까 싶어 발을 디디면 결코 빠져나올 수 없다. 할 수 있는 것이라곤 빠져나올 방도를 찾기 위해 생각하고 또 생각하는 수밖에 없다. 혹시 아는가, 생각의 끝에 우리가 해야 할 무엇이 보일지 말이다.

길이 보이지 않아도 길을 찾으려 애써야 한다. 가는 길은 사람마다 다르다. 과거에 묶여 똑같은 실수를 반복하거나, 현재에 머물러 제자리걸음을 하기도 한다. 누군가는 미래를 향해 바쁜 걸음을 옮기기도 한다. 사람들은 각자의 방식으로 길을 찾으려 애쓴다. 누가 옳다 그르다 할 수 없다. 그러니 그 수고를 헛되다 탓하지 말아야 한다. 길 찾기는 100m 단거리 달리기일 때도 있고 기약할 수 없는 마라톤일 때도 있다. 햇살 좋은 날 기분 좋게 걷기도 하고 흐린 날 바쁜 걸음을 옮기기도 한다. 걷든 뛰든 지치지 않으려면 혼자 가는 것보다 함께 가는 것이 좋을 것이다. 자기가 선택한 길이 어떤 길인지 서로 이야기를 나누며 가다 보면 지루하지 않을 것이다. 어쩌면 자기 길보다 더 좋은 길을 찾을 수도 있을 것이다.

가는 걸음의 끝에 무엇이 있을지 알 수 없지만, 그렇게 쉬지 않고 가는 것이 사람 사는 모양새다. 함께 걸으며 무슨 이야기를 나눌까? 아침에 먹은 시금치 된장국이 좋았다고, 날씨가 쌀쌀해서 겉옷을 하나 더 입었다고, 그렇게 소소한 일상을 나누며 걸으면, 걸음 하나에 행복이 담길 것이다. 하지만 이런 사람도 있다. 그런 이야기조차 나눌 사람이 없다고 말이다. 주위가 온통 사람들로 가득한데, 정작 나와 이야기 몇 마디 나눌 사람이 없다. 친구 하나 없다니 참 외롭겠다.

버스나 지하철에서 이어폰을 끼고 스마트폰만 만지작거리는 사람들을 만난다. 언젠가부터 흔한 풍경이다. 같이 가는 사람이 있는 듯한데, 그와는 낯선 사람처럼 이야기를 나누지 않는다. 오히려 스마트폰에 내장된 인공지능 프로그램과 씨름한다. 사람이 아닌 기계와 대화를 나누는 사람들이다. 아날로그와 디지털 사이에 낀 세대에게는 말도 안 되게 낯설지만, 디지털 세대에게는 아주 익숙한 풍경이다. 사람이 사라지고 기계가 대신하는 일상이다. "참 편한 세상이다"라고 해야 할까? 사람들과 함께 하는 일상이 늘 행복한 것은 아니다. 이야기를 나누다가 의견 차이로 싸울 수도 있고, 부탁했는데 들어주지 않아서 속이 상할 때도 있다. 언제 들어도 싫은 말이 '싫다' 아닌가. 그런데 기계에는 'No'가 없다. 다 들어주는 기계, 얼마나 좋은가.

어느 날, 좋은 사람들을 만나 이야기를 나누는데 주제가 인공지능 쪽으로 흘러갔다. 이야기하면 할수록 눈 깜짝할 새에 앞으로 나가는 과학기술에 버벅대는 자신을 발견하고 자괴감이 들기 시작했다. 인문학 강의할 때 필요한 자료 화면을 서른 장 정도 만들려면 자료 조사부터 디자인까지 최소 일주일은 걸린다. 전문가가 아니니 화면에 글자 가득 넣고 그림이나 사진 하나 정도 힘들게 찾아서 넣는 것인데도 말이다. 그런데 인공지능 프로그램에 조건문 세 개 달랑 넣으니 5분도 안 되어 60장짜리 결과물이 나왔다. 일주일 걸릴 일감이 단 5분 만에 완성되는, 말 그대로 마법이었다. 얼마나 편한 세상에 살고 있는가. 기계의 처리 속도에 놀라움을 금치 못하겠다. 하지만 그 결과물을 그대로 써도 되는 것일까? 결국 일주일에서 5분을 뺀 나머지 6일 23시 55분 동안 제대로 작성되었는지를 확인해야 한다는 생각이 들었다. 기계를 쓰는 것이 쉽고 편하겠지만, 결국 인간의 머리와 손으로 일을 마무리해야 하니 시간으로 보면 도토리 키재기다.

과학기술이 아무리 발전한다고 하더라도, 인간이 해야 할 일은 있다. 다만 인간이 할 일이 점점 줄어드는 것이 문제다. 그러다 인간이 할 일이 하나도 남지 않게 되면 어떻게 될까? 기계가 모든 일을 대신해주면, 인간이 할 일이라곤 먹고 자는 것만 남는다. 기계가 대신 생각하

고, 기계가 대신 말하고, 기계가 대신 움직여준다. 인간
은 가만히 앉아서 과학기술의 혜택을 누리기만 하면 된
다. 이 얼마나 편한 세상인가! 그러나 그런 세상에서 인
간은 움직이지도, 말하지도, 생각하지도 않는 비대한 바
보가 될 것이다. 생각하지 않는 인간은 쓸모없는 물질 덩
어리다. 쓸모없는 것은 쓰레기다. 쓰레기는 버려야 한다.
쓰레기가 된 인간, 지구상에 살아남아야 할 이유가 있을
까? 마구잡이로 써서 지구에서 수많은 것이 사라져 버렸
다. 언젠가 인간도 그 가운데 하나가 되지 않을까.

　　아리스토텔레스는 로고스logos를 가지고 있기에 인
간은 동물과 다르다고 말한다. 로고스는 이성의 작용 혹
은 언어적 활동이다. 인간은 이성을 가진 생각하는 존재
다. 인간을 생각함으로 규정한다면, 거추장스러운 몸뚱
이쯤 버려도 괜찮지 않을까? 인간의 예상 수명이 100세
를 훌쩍 넘기는 요즘, 노화되는 몸뚱이를 병원 치료로 버
티는 유병 장수가 아니라, 몸을 버리고 정신만 남겨두면
어떨까? 낡아서 모든 부분을 다른 것으로 교체해도 테세
우스의 배는 여전히 테세우스의 배인 것처럼, 몸뚱이를
버리고 정신만 남는다고 해서 내가 사라지지는 않을 테
니까 말이다. 생의 어느 날 온갖 기억과 지식으로 가득

찬 정신만 클라우드 네트워크에 올리고 몸의 구속에서 벗어난다면, 그 옛날 중국의 진시황이 꿈꿨던 불로장생이 실현될지 모른다. 하지만 몸뚱이가 없이 정신만 있으면 인간이 될까? 물질과 정신 중 하나가 없다면, 나머지 하나가 제대로 작동하긴 할까? 물질이 없는데 정신은 무엇으로 채울까? 답을 알 수 없는 질문들이 꼬리에 꼬리를 문다. 아무래도 인간이 무엇인가에 대한 답은 정신과 물질 사이에서 계속 저울질해야 할 것 같다.

'인간은 무엇인가?'는 쉽게 답을 내릴 물음이 아니니 제쳐두고, 이렇게 물음을 바꿔보자. '인간은 어떻게 살아야 하는가?' 철학적 방법론 혹은 윤리학적으로 인간이 사라지지 않고도 지구에서 평화롭게 살 방법을 찾아야 한다. 인간이 지구에 꼭 있어야 함을 증명하기 위해 무엇을 해야 하는가? 여러 가지가 있겠지만, 이 세 가지는 기본적으로 있어야 할 것 같다. 생각, 언어, 그리고 공동체. 인간은 생각하는 존재로서 호모 사피엔스homo sapiens이며, 언어 활동을 하는 존재로서 호모 로퀜스homo loquens이며, 공동체에서 함께 활동하는 공적 존재로서 호모 폴리티쿠스homo politicus다. 다른 많은 것도 필요하다. 하지만 인간은 혼자 살아갈 수 없으며, 다른 사람과 함께 살기 위해 소통해야 하며, 소통하기 위해 생각해야 한다. 생각, 언어, 공동체의 절묘한 배합으로 세계를 구성하며 인간은 살아간다. 이것이 정치다. 그래서 인간은 본성적으로 정치적인, 정치적 인간zōon politikon이다.

● 자유의 실현으로서 정치

2009년에 방영된 드라마 〈시티홀〉은 10급 공무원 신미래가 존경받는 시장이 되는 정치 로맨스 드라마다. 정치에 관한 명대사들이 차고 넘치는 드라마인데, 그 가운데 신미래가 정치를 정의하는 대사가 인상적이다. "정치란 정당끼리 치고받고 싸우는 것, 정떨어지고 치 떨리는 것, 정기적으로 치사한 짓 하는 것, 정상인은 없고 치기배만 가득한 것, 정 줄 만하면 뒤통수치는 것" 등등. 정치가 이런 것이라면, 사람이 할 짓은 아닌 것 같다. 그나마 위안이 되는 것은 신미래가 "정성껏 국민의 삶을 치유하는" 정치를 원한다는 것이다. 정치가 이렇게만 된다면, 세상 살기 참 좋을 것이다. 그런데 현실은 그렇지 않다. 10급 공무원도 아는 단순한 이치를 왜 정치인들만 모를까.

능력이 출중하면 서울에 가서 정치하라고 한다. 정치가 그렇게 특별한 사람이 특별하게 하는 특별한 일인가? 하긴 왕권의 장자 계승에도 불구하고 태종 이방원이 셋째 아들이었던 충녕대군을 왕위에 올린 것을 보면, 정치가 선택받은 특별한 사람의 몫처럼 보인다. 특별하다는 정치는 다양하게 해석되어 하나로 정의하기는 어렵다. 사전적으로 정치는 사회의 모든 생활 영역을 관통하면서 그러한 영역들과 긴밀한 상호 관련을 맺고 있는 사회적 현상이다. 사회학자 막스 베버는 『직업으로서의 정치』에서 "국가들 사이에서든, 한 국가 내 집단들 사이에서든, 권력에 참여하려는 노력 또는 권력 배분에 대해 영향력을 행사하고자 하는 노력"[1]이라고 정의한다. 이렇게 보면 정치의 적용 범위는 공동체의 행정이나 정치권력으로 좁혀진다. 하지만 정치가 '정성껏 국민의 삶을 치유하는 것'이라면, 용산이나 여의도에서만 정치하는 것이 아니고, 정부 부처가 삶을 치유하는 전담반은 아닐 것이다. 온갖 삶의 영역에서 상처받은 사람들이 치유되길 바라니, 정치는 함께 하는 일이어야 한다.

국민의 일상 모두가 치유의 대상이라면, 정치의 대상은 국민의 삶 전부이며, 정치의 주체는 인간이다. 정치의 주체가 인간이라고 해서 누구나 정치하지는 않는다. 정치는 모두의 것이지만 소수의 것이다. 정치하면 여의도를 먼저 떠올리니, 정치는 정치가의 몫인 직업이다. 하지만 정치의 기반은 개인이 아니라 공동체다. 공동체는 혼자가 아닌 여럿으로 구성되며, 각자 원하는 바 또한 여럿이라, 같이 살기가 쉽지 않다. 서로의 목적이나 이익이 충돌하면 내 것부터 찾게 된다. 도덕이든 법이든 해결하면 좋겠지만, 그것마저 해결 방안이 안 되는 문제가 자꾸 생긴다. 주먹을 쓰면 쉽게 해결되겠지만, 그렇게 되지 않도록 하는 것이 정치다. 다 같이 원하는 것을 가지며 자유롭게 사는 것, 그것이 정치다.

정치의 단짝은 자유다. '자유'는 남에게 구속당하거나 얽매이지 않고 자기 마음대로 하는 일 또는 상태이다. 세상일을 자기 마음대로 할 수 있을까? 존 스튜어트 밀은 『자유론』에서, 자유는 남의 간섭을 받지 않으며, 자기 행동으로 남에게 피해를 주지 않는 상태에서 자기 마음대로 하는 것이라고 말한다. 다른 사람에게 영향을 줄 경우를 제외하고, 개인은 전적으로 자신의 주권자이기에 절대적인 자유를 누려야 한다. 하지만 다른 사람과 얽히고설킨 관계망에서 벗어날 수 없기에, 다른 사람과 완벽하게 분리된 개인적 삶은 생각할 수 없다. 그래서 우리가 누리는 자유는 개인적인 것이 아니라 정치적 또는 사회적 자유다.

자유가 필요한 이유는 정치적이든 사회적이든 행복하게 살기 위해서다. 다른 사람의 삶을 인정하지 않는다면 인간은 충분히 행복해질 수 없다. 다만 각자 자기 방식대로 최선을 다해 의미 있는 삶을 산다면, 그 사회 역시 의미 있는 사회일 것이다.

역사에서 모든 종말은 반드시 새로운 시작을 포함하고 있다는 진리도 그대로 유효하다. 이 시작은 끝이 줄 수 있는 약속이며 유일한 메시지다. 시작은, 그것이 역사적 사건이 되기 전에 인간이 가진 최상의 능력이다. 정치적으로 시작은 인간의 자유와 같다. "시작이 있기 위해 인간이 창조되었다"고 아우구스티누스는 말했다. 새로운 탄생이 이 시작을 보장한다. 실제로 모든 인간이 시작이다. (OT, 478~479)

아렌트는 『전체주의의 기원』에서, 정치적으로 시작은 인간의 자유와 같다고 이야기한다. 아렌트에게 자유는 태어나는 모든 존재가 새로운 것을 시작하는 능력이다. 새로움은 다른 사람에게서 보이지 않는 자신만의 것, 자유로운 무엇이다. 탄생과 더불어 '나'가 세계에 등장하고, 세계는 다양한 '나'로 가득 찬다. 그리고 그들의 자유로운 생각과 판단, 그리고 말함을 통해 세계가 구성되고 발전된다. 인간의 자유는 다양성의 토대이며, 정치는 자유를 드러내는 행위다. 따라서 자유는 생각하고 표현하며 판단하고 실천하는 것이며, 정치는 그것의 현실화다.

아렌트의 정치는 국가 행정이나 권력에 관련된 영역뿐만 아니라 나-너라는 상호 관계에서 일어나는 일상적인 삶의 영역을 포함하기 때문에, 공동체에서 내가 어떤 역할을 할 수 있을지 밝히는 것이 중요하다. 무인도에 표류한 로빈슨 크루소가 가진 최선의 목표는 살아서 구조되는 것이다. 하지만 여럿이 표류했다면 목표는 조금 달라진다. 구조도 중요하지만 어떻게 함께 살아남을 것인가도 중요하다. 아르토 파실린나의 『유쾌한 천국의 죄수들』에서 표류한 사람들은 살아남기 위해 이견을 조율하고 결정할 최고 의사 결정 기구를 만들고, 각 분야의 전문가로 구성된 실용적 팀을 만든다. 함께 이야기할 자리를 만들고, 일을 분담해서 각자의 탁월성을 발휘하도록 한 것이다. 함께 살아남기 위해 해야 할 일은 자신이 할 수 있는 일을 알아서 하는 것, 각자의 삶이 전체의 삶이 되도록 만드는 것이다. 그렇게 되려면 우선 내가 누구인지 알아야 하고, 내가 누구인지를 밝혀야 한다.

아렌트는 사물이 서로 다르다는 복수성the plurality에 주목한다. 인간은 인간이라는 유적 존재와 개인이라는 개별적 존재로 나눈다. 유적 존재로서의 인간에게는 모든 인간을 하나의 인간으로 묶을 수 있는 공통적 성격이 있다. 생각하거나 도구를 사용하거나 문화를 누린다는 공통적 삶의 방식이 있다거나, 다른 동물과 달리 직립보행이나 신체적 구조로 인간으로 분류되는 경우다. 나를 인간이라고 칭할 수 있게 하는 것, 아렌트는 이것을 단수의 인간Man으로 규정한다.

현실적 인간은 살아 움직이는 유기체다. 인간은 인간이라는 교집합과 함께 다른 사람과 구별되는 차집합의 특성을 갖는다. 나에게만 있는 특성으로 다른 사람과 자신을 구별하는 것, 즉 "사물들의 복수성 사이에 존재하는 모든 것은 단순히 그 자체로 있는 것뿐만 아니라, 다른 것들과 구별되는 것이다. 존재가 드러난다는 것은 사물들의 바로 그 본성에 속하는 것이다."(LM, 183) 사물이 사물로서 존재하는 것은 그 자체에 다른 것들과 다른 무엇이 있기 때문이며, 사물들의 복수성에서 사물 그 자체를 인식한다.

인간들 사이에는 차별점이 있다. 정신적 및 신체적 차이를 포함해, 서로를 다른 개별자로 인식하는 경우를 복수의 인간men으로 규정한다. 예를 들어 인간은 직립보행을 하기에 동물과 다르다. 하지만 모두 똑같이 걷지 않는다. 누구는 팔자걸음으로, 누구는 구부정하게 걷는다. 걷는 것은 같지만, 걷는 방식은 다르다. 또한 인간은 생각하고 말하지만, 모두가 똑같이 생각하고 말하는 것은 아니다. 같은 것에 대해 서로 다르게 생각하고, 같은 생각을 해도 다르게 말한다. 그렇게 보면 인간은 동일성과 차이를 함께 지닌, 단수이자 복수의 인간이다. 동일성과 차이라는 이중적 성격은 인간의 삶에 반영되어, 개인적인 나와 구성원인 나의 이중적 자격이 서로 교차하는 공동체의 관계망을 구성한다. 공동체의 좋은 삶은 양자의 균형에서 비롯된다.

하지만 아렌트가 경험한 전체주의는 차이와 다름을 인정하지 않는 정치 체제였다. 전체주의는 대중의 합의로 형성된 정치권력처럼 보이지만, 사실상 전체를 위해 개인을 희생한 독재 권력이다. 전체주의는 무한히 많고 다양한 인간을 하나의 개인으로 조직한다. 이러한 전체주의 폭력을 보여주는 곳이 집단수용소다. 집단수용소는 인간의 품위를 떨어뜨리거나 죽일 목적으로 만들어진 곳이 아니다. 자유롭게 생각하고 말하는 인간의 능력을 파괴하여 사물화한다. 사물화는 살아 있으나 살아 있지 않은 인간을 만드는 것이다. 인간은 가만히 숨만 쉬는 사물이 아니다. 인간이 인간이고자 한다면, 사물화에서 벗어나 인간으로서 자신을 지켜야 한다. 정치는 함께 사는 것이기도 하지만 다른 사람과 다른 자신을 지키는 것이기도 하다. 비인간적 전체주의를 경험했던 아렌트가 정치사상에서 자유를 강조한 것은 잃어버린 자신을 찾아 자기답게 살기 위해서였다.

● 정치적 인간zōon politikon으로서 시민

자유에의 갈구는 무국적자로 보낸 아렌트의 경험에서 기인한다. 독일에서 유대인으로 태어난 아렌트는 나치의 박해에서 벗어나야 했고, 자유가 없는 집단수용소에서 벗어나야 했으며, 지인의 도움으로 간신히 도착한 미국에서는 시민권 없는 난민 생활을 견뎌야 했다. 미국에서의 삶은 자유로운 것처럼 보였지만, 시민권을 발급받기 전의 삶은 집단수용소의 그것과 별반 다르지 않았다. 무국적자이자 망명자라는 신분은 어느 공동체에도 속하지 않기에 자유라는 기본권을 보장받지 못한다. 이것은 어떠한 정치적 행위도 허용되지 않음을 가리킨다. 아렌트는 정치적 인간으로 살기 원했다. 다른 사람과 함께 살면서 자유롭게 생각하고 말할 수 있는, 그런 삶을 원했다. 하지만 어디에도 속하지 않기에 자신이 누구인지를 명확히 할 수 없는, 자기 존재를 확인할 수 없는 상황을 경험했다. 자유 없음이 인간다운 자기 삶을 부정하는 것과 같은 두려움을 느낀 아렌트는 인간답게 살기 위해 자유가 필요했다. 인간다운 인간이길 원했던 아렌트에게 자유가 없는 정치는 무의미하다. 미국으로의 망명은 나치의 억압에서 벗어나 몸은 자유로웠지만, 생각하고 말할 자유는 없는 삶이었다. 자유가 없는 삶은 불안하고 위험하다. 정치적인 삶, 자유로운 삶만이 안정적인 삶이다.

아렌트는 자유로운 정치의 전형을 고대 폴리스에서 찾았다. 고대 폴리스는 토론과 합의를 통해 문제를 해결하는 민주주의의 전형으로 알려져 있다. 아리스토텔레스는 『정치학』에서, 좋은 삶을 위해 존재하는 완벽한 공동체로서 폴리스를 이야기한다. 폴리스는 어떤 종류의 공동체로, 공동체를 구성하는 사람들은 좋음을 추구하기 때문에 모든 공동체 역시 어떤 좋음을 위해 구성된다. 따라서 좋음을 추구하는 공동체가 폴리스적 삶이다. 또한 폴리스는 시민들의 집합이며, 누구를 시민으로 봐야 할지 탐구해야 한다.[2]

> 폴리스는 자연적으로 존재하는 것들에 속하며, 인간은 본성적으로 폴리스를 형성하며 살아가기에 적합한 동물politikon zōon이다.[3]

폴리스에 적합하다는 '정치적 인간'을 예전에는 '사회적 존재'라 하여, 혼자 살 수 없는 인간을 강조했다. 두 사람이 서로 기대어 있는 형상의 사람 人을 앞세워, 혼자서는 살 수 없다고 덧붙였다. 잘못된 말은 아니나 지금 생각하면, 과거 1인당 국민소득을 최대한 끌어올려 경제 대국을 만들겠다는 국가 정책에 군소리 없이 따르는 순응적 인간을 만들기 위한 풀이가 아니었나 싶다. 다 같이 잘 살아야 하니 개인적 희생은 감수해야 할 것이며, 후다닥 해치워야 할 문제를 갑론을박하며 질질 끄는 것이야말로 통치하는 데 가장 큰 방해물이니, 정치적이기보다는 사회적으로 해석해야 했을 것이다.

다시 아리스토텔레스의 정치로 돌아가보자. 아리스토텔레스는 자유와 로고스에 따라 인간을 시민과 노예로 구분한다. "어떤 사람들이 있는데, 그 사람 중에 어떤 사람은 자연적으로 자연인이고, 어떤 사람은 자연적으로 노예라는 것은 명백하다. 이들에게는 노예제가 유익하고 정의로운 것이다."[4] 자연적이란 본성적으로 본래 그러하다는 것이며, 로고스적으로 파악할 수 있는 한에서 '정치적 인간'인 시민은 그렇지 못한 노예와는 다르다. 폴리스에서 노예는 인간으로 대우받지 못하는 계급이지만, 폴리스를 지탱하는 데 필요한 계급이다. 노예 계급의 노동력이 뒷받침되지 않으면 폴리스의 정치를 유지할 수 없기 때문이다.

아리스토텔레스는 경제적인 안정을 공적 활동의 요건으로 삼는다. 공적 활동을 하는 시민은 자신을 위해

서나 다른 사람에 속해서 일하지 않는 사람이다. 자원이 풍족하여 사는 데 걱정이 없고, 사적 이익을 취할 욕심을 부리지 않아야 한다. 그래야 공적 업무에서 공적 이익을 위해 판결하고 관직에 임할 수 있다. 하지만 능력을 갖췄다고 해서 모두가 공직에 참여하지는 않았으니, 모든 시민이 정치가는 아니었다.

> 좋은 사람과 훌륭한 시민이 어떤 폴리스에서는 같지만, 다른 어떤 폴리스에서는 다르다. 좋은 사람의 덕과 훌륭한 시민의 덕이 같은 곳에서도, 혼자서 또는 다른 사람들과 더불어 공적인 업무들을 돌보는 데서, 최고의 권위가 있거나 최고의 권위를 행사할 수 있는 그 사람은 거기에 있는 모든 시민이 아니라 정치가라는 것이다.[5]

훌륭한 시민이라고 해서 훌륭한 인간이 될 필요는 없다. 훌륭한 인간의 덕과 훌륭한 시민의 덕이 다르기 때문이다. 훌륭한 인간은 성인군자여야 한다. 하지만 훌륭한 시민은 법 잘 지키고 세금 잘 내면 된다. 훌륭한 인간의 덕은 개인적인 영예지만, 훌륭한 시민의 행동은 다른 사람과 같이 있어야 티가 난다. 폴리스가 잘 유지되려면 훌륭한 인간보다 훌륭한 시민이 많아야 한다. 그래서 개인의 덕성이 아니라 집합적 덕성이 필요하다.

정치가라면 도덕적으로 훌륭해야 한다고 생각한다. 물론 덕성을 겸비한 사람이라면 정말 좋을 것이다. 하지만 도덕적으로 훌륭한데 일을 잘못하는 정치가와 도덕적으로는 미흡하지만 일을 잘하는 정치가가 있다면 누구를 선택할 것인가. 우리가 필요로 하는 정치가는 성인군자가 아니라 일 잘하는 사람이다. 거칠게 말하자면 바깥일 잘하는 사람이다. 바깥일을 잘하려면 집안일에 휘둘려서는 안 된다. 올바른 정치가라면 정치자금을 회수하려고 청탁으로 뒷돈을 받아 챙기는 불법을 저질러서는 안 된다. 정치는 공적 이익을 위해 활동하는 것이지 개인 주머니를 채우는 것이 아니다.

로마 제국 형성기에 정복 전쟁이 잦았다. 전쟁이 잦은 만큼 비용 또한 만만치 않았다. 당시 군대를 이끌었던 장군은 개인 비용으로 병사들의 갑옷이나 무기, 임금을 처리했다고 한다. 엄청난 전쟁 자금이 쓰인 만큼, 그것을 충당하기 위해 공적 지위를 악용한 이들도 있었지만, 대부분 전쟁을 승리로 이끌고 난 후 얻은 전리품으로 충당했다고 한다. 빈털터리가 되지 않으려면 전쟁에 충실해야 했을 것이다. 종신 집정관으로 많은 사람의 추앙을 받았던 율리우스 카이사르는 승전의 전리품으로 비용을 충당했지만, 제국 은행에서 대출받기도 하고, 당시 정치인답지 않게 상업 활동도 했다고 한다. 정치가가 모든 덕목을 완벽하게 갖출 수 없다면, 개인적 품성보다는 공동체적 품성, 다시 말해 우선 훌륭한 시민이 되어야 한다. 카이사르의 개인적 도덕성이 어떠했는지 명확하지 않으나 공적 업무에서만큼은 훌륭한 시민이자 일 잘하는 정치가였다고 전해진다. 브루투스의 암살로 생을 마감하긴 했지만 말이다.[6]

아렌트는 아리스토텔레스의 정치철학으로부터 정치 공동체와 정치적 인간의 전형에 관한 생각을 가져온다. 아렌트에게 자유롭다는 것과 폴리스에 산다는 것은 어떤 의미에서 같다. 아테네뿐만 아니라 고대로부터 근대에 이르기까지 노동하는 사람은 시민이 아니었다. 시민은 스스로 노동하지 않거나 자기 노동력 이상을 소유한 자들이었다. 다른 사람을 위해 노동하는 사람은 노예이며, 자신의 생계 수단을 벌기 위해 노동하는 사람은 노예도 자유로운 시민도 아니었다. 노예를 소유하여 자신뿐만 아니라 다른 사람을 위해서도 노동하지 않는 사람만이 자유로운 시민으로서 정치할 자격을 얻는다(PP, 91). 노예는 누군가에게 속해 있는, 신분적으로 자유가 없는 사람들이다. 이들은 가진 것이 없기에 노동하지 않으면 살아남을 수 없다. 또한 자기 자신을 위해 노동한다고 해도 다른 데 신경 쓸 여력이 없어서, 정치할 자유를 포기한다. 아렌트가 정치와 자유의 실현을, 폴리스에서 사는 것과 자유롭게 사는 것을 같게 여긴 것은 노예 노동으로 경제적 안정이 보장되었기 때문이다.

아렌트에게 정치는 공적 활동이다. 본성적으로 자유로운 시민이 경제적 안정을 기반으로, 폭력이 아닌 생각과 말을 무기 삼아, 공적 이익을 위해 열심히 일하는 것이다. 생존의 문제를 해결해주는 노예 계급이 있기에 가능한 정치, 그래서 시민의 활동 영역에 노동은 없다. 사적 영역과 공적 영역을 구분하고, 인간의 활동을 노동, 작업, 행위로 나눠 정치와 경제를 구분하는 것은 폴리스이기에 가능했다. 스스로 노동하지 않으면 살 수 없는 자본주의 사회에서, 아렌트의 논의는 가진 자들의 배부른 소리처럼 들려 낯설고 불편할 수밖에 없다.

3

생각하는 나와 생각되는
내가 나누는 이야기

● 정치적인 철학으로 돌아가는 길

정치 전공자와 철학 전공자가 만나 아렌트를 이야기하면 삐거덕거린다. 딱 꼬집어서 말하긴 힘든데 아렌트를 이야기하면서도 전혀 다른 아렌트를 이야기하고 있다는 느낌이 든다. 더구나 아렌트는 자신을 정치철학자가 아니라 정치사상가로 소개하길 원했다. 철학이 정치에 무슨 해코지라도 한 것인지, 왜 정치철학자가 아니라 정치사상가이길 원했을까? 정치철학이나 정치사상이나 정치에 관한 이야기를 하고, 역사적인 문제나 현재 일어나는 사건을 정치 이론에 빗대어 이야기하는 것은 같은

데 말이다. 사람마다 다르지만, 진리와 의견 사이에 나타나는 미묘한 차이로 답할 수도 있을 것 같다. 미묘한 차이에 대해 정치학 전공자가 아닌 철학 전공자로서 소크라테스와 플라톤으로 나름의 설명을 하려고 한다.

아렌트에게 정치는 생각하고 말하는 행위다. 이때 말해지는 것은 생각되는 대상에 대한 행위 주체의 의견이다. 같은 문제일지라도 생각하는 주체에 따라 의견은 다를 수 있다. 또한 의견은 오류를 내포할 수도 있고 언젠가는 변할 수도 있다는 점에서 반드시 진리는 아니다. 의견의 수는 말하는 사람 수만큼 많다. 반면 진리는 그렇지 않다. 사람은 진리를 추구하기 위해 노력한다. 진리를 표현하는 말은 사람마다 다를 수 있지만, 진리 자체는 변하지 않는 무엇이다. 좋은 삶을 살고자 하는 것은 진리의 영역이다. 하지만 어떻게 살아야 좋은 삶이냐는 사람마다 다른 의견의 영역이다. 그런 점에서 진리는 동일성의 세계로, 의견은 다양성의 세계로 사람들을 이끈다.

아렌트는 진리 추구를 부정하는 것이 아니라 서로 다른 의견을 지닌 다양한 사람의 삶을 강조한다. 서로 다르게 생각하고 자유롭게 표현하는 세계는 살 만하다. 생김새는 다른데 똑같이 생각한다면, 상대에게 기대할 것도, 소통할 필요도 없다. 똑같이 생각하고 똑같이 행동하는데 나와 너를 구분할 필요가 있을까. 아렌트는 서양철학이 진리를 강조하고 의견을 가벼이 여겨 사람들을 획일성과 동일성의 세계에 묶어두었다고 비판한다. 그 시작이 플라톤이다. 플라톤 철학의 핵심인 이데아Idea는 현실 세계에서 인식할 수 없는 진리를 알아야 한다고 강조한다. 사물의 본本인 이데아는 현실에서 인식할 수 없고, 현실에는 복사본만 있어 진짜를 알 수 없다고 한다. 이데아를 어떻게 인식한단 말인가?

　　교양 철학에서 이데아를 강의할 때면, 진짜 사과를 예로 들어 설명한다. 사람들에게 '진짜 사과를 본 적이 있는가?'라고 물으면 다들 대답하길 주저한다. 빨간 사과를 직접 보여주면서 질문하면 모두 난감한 표정을 짓는다. 손에 든 사과가 진짜가 아니면 무엇이 진짜란 말인가? 아침 식사로 사과를 먹고 나왔는데, 그럼 내가 먹은 것은 사과가 아닌가? 진짜라는 수식어를 붙이면 모두 당황해한다. 진짜 사과, 진짜 삼각형. 그럼 진짜 나는? 진짜가 붙으면 참 어렵다. 철학으로 되돌아와, 플라톤의 이데아에서 '진짜'는 현실에 존재하지 않는다. 그렇다고 '진짜'가 없는 것은 아니다. 있는지 확인하고 싶다면, 플라톤

의 철학을 열심히 연구하면 된다. 하지만 그건 전문가의
몫이니 우리가 하기엔 벅차다. 그러면 어떻게 하느냐? 국
어사전을 들춰보면 된다. 플라톤 전공자들이 들으면 뭐
라고 하겠지만, 쉽게 다가갈 수 있게 설명하자면, '진짜'
사과의 이데아는 사전에 나온 단어 설명이다. 사과는 생
김새도 다르고 종류도 많다. 같은 사과면서 다양한 사과
다. 그런데 사과의 이데아는 하나다. 하나를 적용하면 이
것은 사과고 저것은 사과가 아니라고 구분할 수 있다. 그
래서 진짜 사과는 눈으로 보고 만질 수 있는 가시적인 것
이 아니라 가지적可知的인 이성의 결과이다.

　　플라톤은 선의 이데아를 통해 절대적 진리에 도달
해야 한다고 말한다. 철학적 사유를 통해 진리에 도달해
야 하며, 현실의 정치 또한 그러한 진리를 추구하려고 애
써야 한다. 이래야만 한다는 진리는 어떤 면에서 강제적
이다. 사람마다 다르고 변할 수 있는 의견은 중요하지 않
다. 모든 차이를 상쇄하여 진리에 도달하려면 자유로운
생각은 지워야 한다. 플라톤의 진리 추구라는 철학적 목
표가 정치철학의 목표가 되는 순간, 철학도 정치도 자기
길을 잃어버리고 방황하게 된다고 아렌트는 비판한다.
자유를 잃어버린 정치는 정치가 아니기 때문이다.

각자가 제 몫의 역할을 하려면 어떤 방법으로 무엇을 얻으려 노력해야 하는지 알아야 한다. 그렇다고 해서 플라톤의 사유가 나쁘다는 것은 아니다. 변화무쌍한 현실 사회에서 진리 추구를 위해 다양한 생각을 지워버릴 수는 없다. 무엇이 옳은지 그른지, 무엇이 적절한지 아닌지 판단하는 것은 진리 아래 나열된 다양한 이야기에서 만들어진다고 생각한다. 정치철학이 정치철학의 역할을 제대로 하려면, 혹은 철학이 아닌 정치의 영역에서 제대로 생각하려면, 동일성이 아닌 다양성, 강제가 아닌 자유를 품어야 한다.

이제까지 정치철학은 자유와 다양성을 강제와 동일성에 가둬두려고 했다. 정확하게 무엇이 다른지 더 고민해봐야겠지만, 진리 추구에서 절대적인 것과 참된 것은 다르다. 인간은 역사적으로 진리를 가장한 오류로 쌓은 성城의 폭력과 파괴를 전체주의적 정치를 통해 경험했다. 잔혹한 경험이 가져온 교훈은 정치철학이 제 역할을 해야 본래의 정치로 돌아갈 수 있다는 것이다. 자유롭고 다양한 정치의 세계, 이를 위해 아렌트는 소크라테스의 방법론을 취하길 요구한다.

● 소크라테스적 사유 1: 산고 끝에 얻은 아이, 지혜

철학을 잘 몰라도 철학자 이름 하나만 말하라고 하면, 반드시 나오는 이름이 소크라테스다. 소크라테스는 철학적 물음의 관심사를 자연에서 인간으로 옮기고, '인간은 어떻게 살 것인가?'의 답을 구하기 위해 바람직한 삶, 훌륭한 삶이 무엇인지를 끊임없이 생각하고 반성한 철학자였다. 그에게 바람직한 삶이란 자신이 알고 있다고 믿는 것이 실제로 알고 있는 것인지를 확인하는, 묻고 또 묻는 과정이었다. 소크라테스가 말했다고 잘못 알고 있는 신전의 경구 '너 자신을 알라'는 알고 있는 것과 모르고 있는 것을 정확하게 파악하고 모르는 것을 배우라는 의미를 담고 있다. 소크라테스가 원한 바람직한 삶은 지혜를 얻기 위해 배우는 삶이다.

지혜를 얻기 위해 소크라테스가 선택한 방법은 대화다. 지혜를 얻는 방법에 관한 소크라테스의 이야기는 플라톤의 대화편『향연』에 등장한다. 원래 향연은 마음에 맞는 사람들이 모여 맛있는 음식을 먹으며 이런저런 이야기를 나누는 것이다. 요즘 식으로 말하자면 친구들과 별다방에서 비싼 커피 마시며 수다를 즐기는 것이다.

플라톤의 『향연』은 비극 시인 아가톤을 축하하는 자리에 모인 사람들이 나눈 이야기를 기록한 대화편이다. 『향연』은 단순히 아가톤에게 축하 인사를 나누는 것만이 아니라, 좋은 사람들끼리 모여 한 주제에 관해 서로의 이야기를 나눈 것이다. 부제 '에로스에 관하여'에서 보이듯, 에로스에 대한 이런저런 이야기들이 담겨 있다. 파이드로스는 오래되고 고귀한 신으로 에로스를 찬양하고, 파우사니아스는 아프로디테의 이중적 모습에서 천상의 사랑과 세속의 사랑을 구분한다. 철학이 지혜에 대한 사랑이라는 소크라테스의 이야기도 대화의 마지막에 등장한다. 무조건 듣기만 하는 것이 아니다. 과하거나 부족한 점을 지적하며, 서로 다른 의견을 이해한다. 여럿이 함께 이야기를 나누면 마음의 곳간이 가득해져 부자가 된 느낌이다. 아가톤의 축하연에 초대받아 대화에 참여할 행복을 누리고 싶다면, 『향연』 읽기를 권하고 싶다.

대화에 참여하고 싶다면 먼저 해야 할 일이 있다. 생각하는 것이다. 생각해서 자기 의견을 만들어야 한다. 만들어진 자기 생각은 조금 거칠다. 생각만으로 의견은 다듬어지지 않는다. 사람들과 대화하고 소통하면서 다듬어야 한다. 소크라테스는 바람직한 삶에 관해 생각하기 위해 저잣거리로 나가 사람들을 만났다. 다른 소피스트처럼 돈을 버는 법이나 권력을 얻는 법을 가르치지는 않았다. 자기 생각의 옳고 그름을 이해하려고 애썼다. 그렇다고 자기만의 세계에 갇혀 혼자 고민하지 않았다. 사람들과 함께 생각하고 이야기했다. 현자라는 권위를 내세워 격식을 갖추기보다 자유롭게 대화하기를 원했다. 대화하다가 상대가 질려 떠나버린 경우가 대부분이지만 말이다.

『에우튀프론』은 소크라테스가 법정 앞에서 우연히 마주친 에우튀프론과 경건함에 관해 이야기하는 대화편이다. 자기 아버지를 노예 살인죄로 고소하려는 에우튀프론과 대화하면서, 소크라테스는 자신이 경건함과 경건하지 않음을 제대로 알고 있는지를 확인하고자 한다. 물론 여느 대화처럼 바쁜 일이 있다는 핑계로 에우튀프론이 자리를 떠나면서 이야기는 끝난다. 경건함이 무엇인지 명확하게 드러나지는 않지만, 『에우튀프론』을 읽고 있노라면, 나도 소크라테스처럼 경건함에 관해 제대로 알고 있는지를 자신에게 묻게 된다. 어떤 결과가 나올지 제대로 생각하지 않고 몸부터 움직이는 사람들이 너무 많은 시대라서 그런가, 자꾸 주위를 둘러보게 된다. 에우튀프론에게는 고역이었겠지만 길에서 우연히 소크라테스를 만나 이야기를 나눌 행운이 우리에게도 있었으면 싶다.

철학φιλοσοφία, philosophy은 사랑하다φιλεῖν, philía와 지혜σοφία, sophia가 합쳐진 말이다. 애지학愛智學, 지혜를 사랑함이다. 『향연』에서 소크라테스는 만티네이아의 디오티마에게 들은 '사랑'을 이야기한다. 사람들은 가장 아름다운 것을 좋아하는데, 가장 아름다운 것이 지혜이며, 따라서 지혜를 좋아할 수밖에 없다. 지혜를 좋아하는 방법은 지혜가 부족함을 알고 그것을 채우려고 노력하는 데 있다. 이를 위해 사람들은 열심히 공부한다. 소크라테스는 저잣거리에서 우연히 만난 사람들과 대화로 공부했다. 저잣거리는 사람들이 대화하며 다른 사람과 관계를 맺는 공적 장소다. 대화로 다른 사람과 관계를 맺고 지혜를 쌓는 것이야말로 바람직한 삶이다. 이것이 인간의 실존적 조건이자 넓은 의미의 정치적 행위다.

지혜를 얻는 소크라테스의 지적 과정을 임신과 출산이라는 생명 탄생 과정에 빗대어 산파술이라 한다. 아렌트는 "소크라테스에게 산파술은 기본적으로 엄격한 평등에 기반을 둔 정치적 활동, 즉 주고받는 것"7이라고 한다. 이 문장에서 방점은 '정치적'에 찍힌다. '정치적'은 '공적'과 마찬가지다. 혼자서 떠드는 방백이나 독백이 아니며, 개인적인 내용을 이야기하는 것이 아니라 대화에 참여한 사람들이 공적 주제를 함께 이야기하는 것이다. 사람들이 모여서 말하고 듣는 소통의 수사법인 소크라테스의 산파술은 상대를 속이기 위한 것이 아니라 진실을 말하기 위한 것이며, 상대에게 아첨하기 위한 것이 아니라 자기 목숨이 위험해지는 한이 있더라도 청중을 도덕적으로 향상하게 시키는 것이다.[8] 그럴듯하게 이야기해서 하나의 목적에 집중할 수 있도록 설득하는 것이 아니라, 무엇이 옳은지 그른지를 생각하고 반성하게 함으로써 바람직한 삶을 살도록 만드는 것이다. 폴리스의 상황이 안정적이라면 아테네의 정신을 살찌우는 소크라테스의 생각함은 반가울 것이다. 하지만 펠로폰네소스 전쟁 패배 후 국가를 정치적으로 안정시켜야 하는 아테네는 이러한 수사법을 시민에게 허용할 수 없었다. 오히려 폴리스의 질서를 어지럽힌다는 명목으로 소크라테스를 일벌백계해야 했다.

● 소크라테스적 사유 2: 하나 속의 둘two-in-one

소크라테스가 저잣거리에서 사람들을 만나 앎과 무지에 관해 이야기했던 것은 카레이폰이 델포이 신전에서 얻은 신탁 때문이기도 하다. "소크라테스보다 현명한 자는 없다." 지혜를 추구하는 사람에게 이보다 매력적인 신탁이 또 있을까. 자신이 가장 현명하다는 말에 자부심을 느끼면 될 텐데, 소크라테스는 신탁이 제대로 내려진 것인지 확인해야 했다. 자신뿐만 아니라 다른 사람에게 끊임없이 묻고 또 물으면서 확인하니, 자신만큼 아는 것과 모르는 것을 명확하게 알고 있는 사람은 없었다. 자신이 가장 현명하다는 신탁은 맞는 것 같다. 그렇다면 외부의 생각에 휘둘리지 말고 자기 의지대로 밀고 나가면 된다. 아테네의 정치적 의도와 달리 법정에서 소크라테스가 소신껏 자기 생각을 내놓았던 것은, 자신이 그들보다 현명하기 때문이었을 것이다.

"전체 세계와 불일치를 이루는 것이 나 자신과 불일치를 이루는 것보다 낫다"는 『고르기아스』의 문장은 소크라테스의 철학적 태도를 잘 보여준다. 생각한 바와 행동하는 바가 일치한다면 그보다 좋은 것이 또 있을까.

물론 '정의롭고 선한'이라는 수식어가 붙어야 하겠지만 말이다. 공자는 70세에 종심소욕불유구從心所慾不踰矩, 즉 마음 가는 대로 행동해도 세상 이치에 거스름이 없는 경지에 이르렀다고 한다. 소크라테스가 말하는 생각과 행동의 일치도 이와 같을 것이다.

그런데 다른 사람과 함께 살려면 나 자신보다는 전체 세계와 일치하는 것이 낫지 않을까? 왜 소크라테스는 전체보다 자신과의 일치가 중요하다고 생각했을까? 소크라테스의 철학은 자신이 가장 현명하다는 신탁에서 오는 독단론이 아니라 묻고 또 묻는 지혜를 찾는 철학적 사유가 낳은 고단한 여정의 결과다. 세상과 단절한 채 골방에 들어가 혼자 고민한 것이 아니라 사람들과 함께 고민한 끝에 나온 것이다. 혼자만 안다고 대단하게 뻐기려는 것이 아니라 같이 이야기한 사람도 제대로 알고 있는지 깨닫게 해주려고 노력했다.

당시 아테네는 펠로폰네소스 전쟁에서 패배한 후 불안한 폴리스를 안정시켜야 할 정치적 기로에 서 있었다. 요동치는 민심을 수습하고 어지러운 정치 질서를 바로잡기 위해서는 폴리스 재건이라는 정치적 목적에 모든 시민이 결집해야 했다. 그 와중에 등장한 이가 소크라테스셨다. 모두에게 추앙받은 위대한 철학자이지만, 소크라테스의 행보가 아테네로서는 달갑지 않았다. 왜냐하면 그의 철학적 사유가 사람들을 혼란에 빠뜨리는 것처럼 보였기 때문이다. 아테네는 소크라테스가 폴리스의 안정에 적합한 시민이길 원했다. 그에 부합한다면 소크라테스는 정의와 선에 대한 자기 입장을 미뤄두고 폴리스가 요구하는 대중적 견해를 받아들여야 했을 것이다.[9]

　　하지만 플라톤의 대화편 『소크라테스의 변명』에서도 보이듯, 그의 법정 변론은 사면보다 자신의 철학적 사유와 도덕론을 펼치는 데 집중되어 있다. 변론의 목적은 법정에 모인 사람들을 설득해서 사형을 면하는 것이 아니었다. 철학함에서 중요한 것이 무엇인지, 왜 자신이 그렇게 사람들과 이야기했는지를 철학적으로 정당화하는 데 애썼다. 죽음을 앞둔 마당에 무슨 말을 못 할까 싶지만, 그래도 죽음보다 사는 것이 나을 텐데, 소크라테스는 그게 아니었나 보다. 그러니 본래의 신들을 부정하고 새로운 신을 믿었다는 불경죄와 폴리스의 청년들을 타락시켰다는 이유로, 아테네 법정은 소크라테스에게 사형을 선고할 수밖에 없었을 것이다.

　　대화는 서로의 의견을 듣고 이해하는 과정이며,

그 과정에서 공동체에 내가 있음을 확인한다. 공동체의 다른 사람과 비교해서 달라야 내가 있다는 것이 확인된다. 신체적으로 다른 것도 있지만, 의견의 다름은 명확하게 다른 사람과 자신을 구분해준다. 다른 의견은 자유로운 자기 생각에서 나온다. 특히 생각하는 나와 생각되는 나 사이의 관계가 명확할수록 자기 의견은 분명해진다. 아렌트는 『고르기아스』에 등장하는 사유의 두 존재인 생각하는 나와 생각되는 나의 관계를 "하나 속의 둘two-in-one"이라 하고, 다른 사람과 대화하기 위해서는 생각하는 나와 생각되는 나 사이의 일치가 우선해야 한다는 소크라테스의 말을 강조한다.

생각하는 나와 생각되는 나 사이가 일치하지 않는다면, 자신을 믿을 수 없기에 다른 사람과 대화할 수 없다. 법정에서 소크라테스가 자기 생각을 굽히지 않았던 것도 자신이 생각한 바와 일치하는 말만 해야 했기 때문이었을 것이다. 아리스토텔레스도 "훌륭한 사람은 자기 자신과 일치해서 생각하고 영혼 전체에 걸쳐서 같은 것을 욕구한다. 그는 자기 자신에게 좋음과 그렇게 보이는 것을 바라며 실제로 행하는데, 바로 자기 자신을 위해서 그렇게 한다"고 말한다.[10] 그렇다고 소크라테스처럼 목숨까지 걸어야 하나 싶긴 하다. 갈릴레오 갈릴레이는 지동설 주장으로 종교 재판에 넘겨지자 법정에서는 자기 이론을 부인했다가, 법정을 나오면서 "그래도 지구는 돈다"라는 말을 남겼다는 일화가 있다. 갈릴레오 갈릴레이가 법정 변론에서 소크라테스처럼 자신과의 불일치를 견디지 못했다면 추방당하거나 사형당했을 텐데, 그렇지 않아서 다행이다 싶기도 하다.

● 의견doxa으로 만들어진 정치철학

플라톤은 사람들의 의견은 근거가 빈약하고 수준이 낮아서 신뢰할 수 없기에 이성적 활동에 의한 진리의 추구가 필요하다고 여겼다. 진리 탐구는 인간 이성의 목표이며, 추론으로 형성된 진리는 가시적인 현실이 아니라 가지적인 이데아 세계에 있다. 견고한 근거 위에 세워진 진리는 한편으로 모두를 옳은 길로 이끌지만 다른 한편 인간 이성의 자유를 억압하기도 한다. 견고한 진리의 탑은 우리를 옳은 길로 인도하는 방향타이기에 필요하다. 하지만 진리라고 무조건 받아들일 수는 없다. 그것에 대해 어떻게 생각하는지에 관한 개인적 의견도 중요하다. 소크라테스가 저잣거리에서 사람들을 붙잡고 이야기한 것은 진리로 알고 있는 것이 정말 진리인지 알기 위해서다. 자유로운 생각 끝에 나온 의견이 진리를 뒷받침한다면, 그것이야말로 진리를 진리이게 만드는 힘이 될 것이다.

의견은 어떤 것에 관한 다양한 생각으로 '독사doxa, δόξα'라 한다. 소크라테스에게 'doxa'는 'dokei moi', 즉 자신을 표현하는 대화의 정형이다.[11] 'doxa'는 사람들과의 대화에서 나오는 내용이며, 무슨 생각을 하는지 말로 표현한 것이다. 그래서 'doxa'는 다양한 의견의 집합체다. 소크라테스가 의견에 집중한 것은 사람들을 설득해서 자기 생각에 동조하길 바라는 것이 아니었다. 각자 어떻게 생각하는지, 다른 사람과는 무엇이 다른지, 제대로 알고 있는지 확인하려는 것이다. 우리는 의견을 내놓으면 그것으로 상대를 설득하려고만 한다. 하지만 설득과 의견은 다르다. 설득은 하나의 목적을 향해 이야기를 집중하는 것이며, 의견은 자신이 표현한 것을 상대가 알도록 나열하는 것이다. 설득은 구체적인 목적이나 합의에 도달하기 위해 상대가 태도를 바꿔 자기 것으로 수용하는 것이지만, 의견은 하나의 대상에 대해 서로 어떻게 생각하는지를 말하여 서로의 태도를 확인하는 것이다. 설득과 의견의 갈림길에서 소크라테스는 의견을 선택한다. 소크라테스가 자기 생각에 안주하여 상대를 설득하고자 했다면, 자크 루이 다비드의 〈소크라테스의 죽음〉은 탄생하지 않았을 것이다.

바람직하게 사는 것은 하나의 도덕적 명제이자 진리다. 하지만 이를 위해 우리가 할 수 있는 일은 다양하다. 방법을 하나로 수렴한다면 어떨까? 친구 넷이 부산 여행을 계획했다. 교통편을 정하는데, 멀미가 심해 버스를 못 타는 친구가 있다. 여행은 버스 여행이 최고라며 무조건 버스로 가야 한다고 우긴다면, 시작부터 삐거덕거리는 피곤한 여행이 될 것이다. 목적지가 같다고 해서 같은 방법으로 갈 필요는 없다. 같이 가면 더 좋겠지만 말이다. 이성적 인간의 목적이 진리 추구라 하더라도, 사람마다 방법이나 내용은 다를 수 있다. 진리 앞에 이의를 제기할 수 없다면, 진리의 철옹성은 생각함 자체를 파괴할 것이다. 20세기 독일 제국이 나치즘의 깃발 아래 모두의 생각과 판단을 정지시킨 순간, 살인이 선善이 되고 남을 돕는 것이 죄가 된, 옳고 그름이 뒤죽박죽이었던 때를 떠올려보면 쉽게 이해될 것이다.

　　모두 정해져 있다면 생각할 필요 또한 없다. 진리의 울타리에 갇힌다면 인간의 삶은 Ctrl C, Ctrl V로 완성될지 모른다. 그런 사회에서 사람들은 모두 똑같이 생각하고, 똑같이 행동한다. 인간이라는 측면에서 모두 똑같긴 하지만 그렇다고 나와 너가 같지는 않다. 나는 나여야 하는데, 나는 없다. 똑같아야 평등하다? 차이 없이 똑같이 나눠야 평등한 것은 아니다. 엄격한 의미의 평등은 수많은 사람이 자기 생각을 자유롭게 말할 수 있는 능력을 같이 발휘하는 것이지 내용까지 똑같아야 하는 것은 아니다.

　　뜨거운 햇살 아래 열심히 일하는 개미와 놀기만 하는 베짱이의 이야기를 떠올려보자. 일터에 같이 있었다는 이유만으로 일당을 똑같이 받는다면 열심히 일한 개미는 엄청 억울할 것이다. 그래서 똑같이 일당을 주는 공산주의는 문제가 많고, 열심히 일한 개미가 많은 돈을 벌 수 있는 자본주의가 최고라고 말한다. 실상은 어떠한가? 아무리 열심히 일해도 빈부격차를 줄일 수 없고, 가난의 늪에 빠져들기만 하는 사람의 수가 점점 늘고 있지 않은가? 그런데도 자본주의가 진리라고 우길 수 있을까? 그러면 공산주의는 어떨까? 필요한 만큼 가지는 것이 공산주의의 핵심이라던데, 우리가 겪은 현실은 이론과 다르니 좋다고 말하긴 그렇다. 어떤 경우에는 일한 만큼이, 다른 경우에는 필요한 만큼이 중요한 때가 있다.

　　고착되지 않고 유연한 사회여야 자유와 평등이 공존하고, 모두가 바람직하게 살 수 있다. 모두가 제대로 알기를 원했기에 소크라테스는 사람들과 대화했지만 그렇다고 자기 생각을 강요하지는 않았다. 자유롭게 이야기를 나누는 사회, 그것이 소크라테스가 사는 세상이고, 아렌트가 원하는 세상이다.

● 동굴에 갇힌 정치철학

　　이상적인 정치의 원형이라 생각한 아테네의 폴리스조차 소크라테스에게 사형을 구형함으로써 시민의 자유로운 정치적 활동에도 사형을 구형했다. 이것은 위대한 철학자의 죽음이기도 하지만 자유롭게 대화하고 서로를 이해하는 활동이 끝났다는, 자유로운 대화를 통한 정치철학의 죽음을 의미한다. 정치철학은 이제 정치적이지도 철학적이지도 않게 되었다.

플라톤이 소크라테스의 죽음으로 폴리스의 삶에 절망하도록 만들고 동시에 소크라테스의 가르침의 근본을 의심하게 만들었을 때 정치사상의 전통은 시작되었다. 소크라테스가 자신의 결백과 가치에 관한 판단을 설득하지 못했다는 사실은 플라톤이 설득의 타당성을 의심하도록 만들었다.[12]

가장 지혜로운 자이며 철학을 몸소 실천했던 소크라테스의 죽음 앞에서, 플라톤은 폴리스의 정치 현실에 강한 의심이 들었고, 어리석은 판단에 동조한 아테네 시민들의 무지에 절망했다. 이후 플라톤은 설득만으로 인도하기에는 불충분하다고 인간을 폄하하고, 외부적 폭력 수단을 동원하지 않고 인간을 항복시킬 수 있는 것이 무엇인지 탐색하기 시작했다(BPF, 107). 플라톤은 시민들의 무지를 깨뜨리기 위해 그들이 가진 생각이 잘못되었음을 지적하고 올바른 길로 가도록 설득할 책임을 느꼈다. 시민들을 지도하기 위해 모두가 동의할 만한 진리를 찾는 것이 최선의 학문적 목적이 되었으며, 무지한 시민들에게 진리를 전하여 미망에서 깨어나 올바르게 행동하도록 도와주어야 했다.

철학자 플라톤은 시민의 교육자이자 지도자가 되었다. 동굴의 그림자에서 벗어나 밝은 태양이 있는 동굴 밖으로 시민들이 나오도록 가르쳐야 한다. 지혜를 추구하는 철학적 진리가 그들이 걸어 나올 수 있도록 도울 것이며, 그 책임은 철학자의 몫이다. 『국가』 제7권 '동굴의 우화'를 통해 플라톤은 철학자의 몫을 이야기한다. 우화는 한편으로 대중에 대한 철학자의 의무를 말하지만, 다른 한편으로 절대적 진리 추구가 오히려 대중의 자유로운 생각과 말하기 능력을 상실시켰음을 보여준다.

플라톤은 동굴 밖 밝은 태양 아래 아카데메이아를 설립했다. 아카데메이아는 생각을 통해 철학적 진리를 배울 수 있는 자유로운 학문적 영역이었다. 아카데메이아의 철학적 및 교육적 가치를 무시하자는 것은 아니다. 하지만 생각과 판단의 능력을 학문적 공간에 가두어 다양한 의견이 부딪치고 새로운 생각이 만들어지는 정치를 관심의 영역에서 떨어뜨려놓았다. 생각하고 말하는 것은 이제 전문 철학자나 정치가의 몫이 되었다.

정치철학은 정치와 철학이 만난 새로운 영역이다. 정치철학에서 철학은 정치가 나가야 할 바를 밝힌다. 밝은 태양 아래 빛을 본 이가 동굴 그림자에 갇혀 있는 사람들을 밖으로 끌고 나와야 하는 것처럼, 철학은 정치에 빛을 주고자 한다. 하지만 빛 아래 세상은 하나가 아님에도 플라톤은 한길로 나가라고 한다. 우매한 시민들의 의견이 만들어낸 소크라테스의 죽음으로 플라톤은 절대적 진리와 이데아에 갇혔다. 자유를 실현해야 할 정치가 철학적 진리 안에 갇힌 것처럼 말이다.

아렌트는 플라톤 이후 서구 정치철학이 현실과 분리된 채 절대적 진리나 이상향으로 나감으로써 비정치적인 상황을 만들었다고 지적한다. 현실 사회를 기반으로 자유를 실현해야 할 정치가 절대적 진리 추구에 집착하여 제 할 바를 못 하고 있다. 철학의 자리는 아래를 내려다보는 산 정상이 아니다. 철학은 함께 생각하고 함께 이야기를 나누는 것이다. 진리를 바라볼 것이 아니라 사람들이 무엇을 생각하는지 그들의 의견을 경청해야 한다. 산 정상이 아니라 저잣거리에서 사람들과 함께 정치를 해야 한다. 정치철학은 정치와 철학이 서로 우위를 다투는 것이 아니라 정치를 철학화하고 철학을 정치화하는 상호 의존적 관계에서 제자리를 찾아야 한다. 정치의 제자리 찾기를 위해 생각하는 것에서 벗어나 서로 이야기를 나누는 것이 중요하다고 아렌트는 말한다. 이것이 아렌트 정치사상의 핵심인 활동적 삶에서의 정치적 행위다.

● 관조적 삶vita contemplativa과 활동적 삶vita acitiva

〈최강 야구〉는 식어가는 야구 열기를 북돋운 프로
그램으로, 은퇴한 프로선수와 아마추어 선수로 구성된
야구팀이 훈련하고 경기하는 모습을 보여준다. 열심히
운동하는 선수들의 모습에 감동적인 사연을 덧붙여 사람
들의 공감을 끌어내며 야구 인기몰이를 하고 있다. 야구
가 너무 하고 싶은데 할 수 없는 선수들도 있고, 생계가
걸린 선수들도 있어서 모두 열심이다. 보통은 관중 없이
경기하지만, 야구팬들이 몰리는 직관 경기가 열리는 날
이면 더 열심히 하는 것 같다. 관중의 환호와 응원은 선
수들을 뛰게 하는 활력소다. 경기장의 관중은 삶의 철학
자이다. 직접 뛰지는 않지만, 경기의 구성원으로 전체를
즐긴다. 마치 삶에서 이성적 활동을 통해 지혜를 사랑하
고 진리 추구를 즐기는 철학자처럼 말이다.

아렌트는 인간 삶을 관조적 삶vita contemplativa과 활
동적 삶vita acitiva으로 나눈다. 관조적 삶은 신의 안목에

헌신하는 개인적 삶으로서 진리를 추구하는 삶이다. 전체를 내려다보는 관조에는 경기장에서 선수들의 뛰는 모습을 지켜보는 관중이 자리한다. 관중은 승리를 위해 함께 응원하고 환호한다. 반면 활동적 삶은 인간의 복수성에 근거하여 현실을 추구하는 삶이다. 운동장에서 직접 뛰는 선수들이다. 내야수와 외야수, 투수와 타자 등 자기 위치에서 제 역할을 충실히 해낼 때 야구는 흥미진진하게 승리로 나아간다. 관조적인 것과 활동적인 것의 관계, 철학과 정치의 관계는 경기장의 운동선수와 관중의 관계와 같다. 자기 팀을 열심히 응원해서 승리하기를 바라는 마음을 가진 관중이 경기장을 내려다보는 것은 진리를 추구하는 철학의 영역에서 나타나는 관조적 삶이다. 반면 자기 자리에서 열심히 경기해서 자기 존재감을 드러내려는 선수들의 움직임은, 다양한 의견이 소통되는 정치의 영역에서 나타나는 활동적 삶이다.

　　좋은 경기를 하려면 열심히 뛰는 선수와 열심히 응원하는 관중이 있어야 하는 것처럼, 바람직한 삶이 되려면 진리 추구의 철학과 다양한 의견의 정치가 함께 해야 한다. 하지만 승리에만 급급해서 좋은 모습을 보여주지 못하는 운동경기처럼, 플라톤 이후 정치와 철학은 진리 추구에 갇혀 사람들의 자유로운 생각을 놓쳐버렸다. 그리고 20세기 전체주의적 폭력은 그 대가가 얼마나 참 담했는지를 보여주었다. 생각과 말의 자유를 잃어버린 채 전체주의라는 허위의식에 갇힌 세상에서, 인간에게 무엇이 필요한지 아렌트는 고민했다. 관조하는 삶은 철학에서 중요하다. 『예루살렘의 아이히만』에서 보았듯이, 인간의 활동적 삶은 정신적 활동을 전제하지 않는 한 제대로 수행될 수 없다. 하지만 인간임은 생존과 자기 존재를 드러내는 활동적 삶에 있음 또한 중요하다.

　　해마다 멍 때리기 대회가 열린다. 이런 것까지 겨뤄야 하나 싶지만 많은 사람이 참가한다. 생각 없이 가만히 있으면 우승하겠지만, 그 상황을 유지하려면 부단히 애써야 한다. 백조가 우아하게 호수에 떠 있으려면 물 아래 두 다리가 얼마나 분주하게 움직여야 하는지를 떠올려보자. 로마의 철학자 카토는 "인간은 아무것도 하고 있지 않을 때 그 어느 때보다 활동적이며, 혼자 있을 때 가장 덜 외롭다"고 말한다(LM, 7~8). 아무것도 하지 않는다고 해서 생각이 없는 것은 아니다. 아무것도 하지 않는 그 순간에도 인간은 계속해서 생각하며, 혼자 있으면 더 치열하게 생각하기에 외로울 틈이 없다. 인간이 살려면 생각해야 한다. 생각하지 않으면 살 수 없다.

아렌트는 정신적 활동이 관조적 삶의 방식에 헌신하면서 모든 대상을 고찰했던 사람들에 의해 만들어졌다는 점에서 어려움을 겪었다. 스콜라 신학자 휴의 글을 인용하자면, 관조적 삶의 방식은 완전한 고요함을 유지하는 것이며, 사막 속에서 진행되며, 신의 안목에 헌신하는 것이다. 반면 활동적 삶의 방식은 열심히 일하는 것이며, 공적으로 진행되고, 이웃의 필요에 헌신하는 것이다(LM, 6).

활동적 삶은 인간의 관계망으로 이뤄진 공적 영역에서 일어나는 상호 교환이며 의사소통이다. 시장에서 물건을 사고팔거나 공론장에서 의견을 주고받는 것은 혼자서는 할 수 없다. 다른 사람과 함께 해야 가능하다. 하지만 관조적 삶은 혼자만의 시간을 허용한다. 사막 한가운데서 조용히 자신의 삶을 정리하는데, 다른 사람에게 말하거나 그를 설득할 필요는 없다. 활동적 삶이 자기 존재를 다른 사람에게 알리는 공적 방식이라면, 관조적 삶은 혼자만의 시간을 충족시키는 사적 방식이다.

관조적 삶이 지극히 개인적이며 은폐된 삶의 방식이자 내적 사유와 그에 따른 진리 추구를 중요시하지만, 인간은 홀로 있지 않다. 자발적이지 않아도, 사람들 사이

71

에서 살아갈 수밖에 없다. 더구나 더 나은 삶을 추구하려는 욕구도 가지고 있다. 그래서 인간은 멈춰 서지 않고 계속 생각한다. "인간은 생각하는 존재다. 인간은 지식의 한계를 넘어서 사유하고, 사유를 인식과 행위의 도구로 사용하기보다 이 능력으로 더 많은 것을 행하려는 성향과 필요성을 가지고 있음을 의미한다"(LM, 11~12). 따라서 데카르트의 "나는 생각한다, 그러므로 나는 있다"를 아렌트의 "나는 생각한 것을 표현한다, 그러므로 나는 있다"로 바꾸는 것은 자기 존재의 자기 인식만이 아니라 다른 사람이 자기 존재를 알아주길 바라는 마음이 함축되어 있기 때문이다. 이러한 마음의 표현은 독백이 아닌 대화를 통해 일어나기에, 아렌트의 정치적 행위에서 생각함은 정치철학의 독백인 관조로부터 나온다.

인간은 생각하는 살아 있는 유기체다. 단수의 인간Man은 복수의 인간men으로부터 '인간'이라는 추상적 관념을 추려내어 만든 단일한 존재어다. 단수의 인간은 다양하지 않다. 정치가, 산업 노동자, 농부는 인간인 한에서 같다. 하지만 정치가는 의정 활동을 하고, 산업 노동자는 물건을 만들며, 농부는 농사를 짓는다. 같은 노동이지만 하는 일이 다르다. 같지만 서로 다르기에 정치가를 정치가로, 노동자를 노동자로, 농부를 농부로 인식한다. 서로 다르다는 것을 이해해야 다른 사람이 세계 있음을 알게 된다.

> 살아 있는 것들은 자신들을 위해 세워진 무대 위에서 배우들처럼 자신을 드러낸다. 무대는 살아 있는 모든 것에게 공통적으로 주어지지만, 종에 따라 다르게 나타나며 개별적인 표본들에 따라 다르게 나타난다. (LM, 21)

지구라는 무대에 있는 모든 사람은 배우이자 관객이다. 역할 바꾸기도 가능하다. 무대와 객석 중 어디에서 있는가에 따라 배우도 되고 관객도 된다. 겉으로는 비슷해 보이지만, 각자의 방식으로 같은 대상을 다르게 인식한다. 겉모습은 보면 알지만, 생각은 표현하지 않으면 알 수 없다. 무엇을 생각하는지 정확하게 아는 방법은 대화다. 몸짓이나 눈짓, 혹은 감탄사에 의존하기도 하지만 말이다. 어떤 방법으로든 표현하지 않으면 아무도 모른다. 생각을 말로 표현할 때 다른 사람과 관계 맺기가 가능하고, 그로부터 끊임없이 세계가 만들어진다.

인간이 만들고 유지하는 세계는 생각할 대상을 계

속 제공한다. 생각하고 생각하는 정신적 활동은 이성적 인간의 모노드라마가 아니라 현실에서 다른 사람과 어울려서 만드는 일종의 종합예술이다. 우리는 세계라는 무대에서 정신적 활동과 언어 활동을 하며 거주한다. 그래서 정신적 삶과 활동적 삶은 각자의 영역에 따로 있는 것이 아니라 긴밀하게 연결되어 있다. 현실에서 생각할 것을 찾고 생각한 것을 현실에 적용한다. 따라서 인간 삶은 정신적 삶과 활동적 삶이 순환하는 과정의 연속이다.

> 우리가 행동하고 판단하는 삶을 영위하는 기준은 궁극적으로 정신의 삶에 의존한다…. 사유의 부재는 실제로 인간 문제에 있어서 강력한 요인이며, 통계적으로 말하자면 다수가 아닌 모든 사람의 행위에 있어서 강력한 요인이다.(LM, 71)

삶에서 생각함은 활동 자체를 가능하게 하는 중요한 요인이다. 생각하지 않는다면 제대로 활동할 수 없다. 전체주의가 침묵과 복종을 통해 인간의 정신적 활동을 억압한 것은, 자유로운 생각이 저항을 불러오기 때문이다. 히틀러도 "생각 자체도 오직 명령을 내리거나 수행함으로써만 있을 수 있다"고 생각했다(OT, 325). 자기 생각과 의지가 아니라 모든 것이 명령으로 만들어지고 제공되는 세계, 이곳에서 인간은 꼭두각시 인형이지 살아 있는 유기체는 아니다. 자유롭게 생각하고 말하는 것, 그것이 인간의 삶이자 정치의 본래 모습이다.

아렌트는 인간의 생각함을 중요시한다. 생각의 향연을 즐기는 철학의 관조적 삶이야말로 인간이 누릴 가장 화려한 행복일지 모른다. 하지만 행복 뒤에 숨겨진 자유에 대한 갈망을 지나칠 수 없다. 진리 추구라는 동일성의 세계에 갇힌 철학의 영향으로 정치적 삶은 강제적 힘에 굴복되었다. 철학에 발목 잡힌 정치철학은 지혜롭다는 철학자의 손에 꽉 잡힌 채 이상 세계로 끌려가고 있다. 전체주의를 통해 잘못된 이상 세계가 가져온 폐해를 경험한 아렌트는 위태로운 정치적 삶에 저항한다. 정치가 머무를 곳은 이상 세계가 아니라 변화무쌍한 현실 세계다. 예상치 못한 사건이 난장질하는 자유의 세계에서 인간은 살아 있음을 느낀다. 불안정하고 불확실하지만, 스스로 생각하고 이야기를 나누면 길을 찾을 수 있다. 길 끝에 살아 있는 인간의 삶이 있다.

4

사회적인 것에서 정치적인 것으로

● 살아남으려는 인간의 활동, 노동과 작업

아리스토텔레스는 인간을 정치적 동물로 규정한
다. '정치적'은 로고스적 인간과 집단적 인간의 결합이다.
인간은 생각하고 말한다. 그리고 다른 사람과 함께 산다.
인간은 공동체에서 다른 사람과 소통하면서 자기 존재를
확인하고 살아 있음을 느낀다. 그런데 다른 사람과 꼭 소
통해야 할까? 요즘 MBTI 검사가 유행이다. 자신의 성격
유형을 알면 일상생활에 도움이 되기 때문이다. 성격 유
형의 선호 지표 가운데 많이 이야기되는 것이 외향성인
E형과 내향성인 I형이다. 극 I라는 표현까지 나올 정도로

내성적임을 강조하는 사람도 많다. 이들은 소통보다는 혼자 사색하길 원한다. 그런데 인간답게 살려면 다른 사람과 소통해야 한다고 강요한다면 어떻게 될까? 혼자 생각하고 있는 순간에도 외롭지 않다는 카토의 말을 떠올린다면, 극 I들을 괴롭히면 안 될 것이다. 하지만 혼자 있다가도 가끔 누군가 내 말에 경청하고 고개를 끄덕여준다면 괜찮을 듯싶다.

인간의 삶이 생각하고 소통하는 것에만 있을까? 살아 있어야 생각도 하고 말도 한다. 불확실한 현실에서 살아남기 위해서 인간은 생존과 생활이라는 두 영역에 양다리를 걸치고 있어야 한다. 생존과 생활은 아렌트의 관조적인 삶과 활동적인 삶으로 연결된다. 생활로서 관조적인 삶은 생각함의 영역으로, 정신적 삶이자 철학적 삶이다. 반면 생존으로서 활동적인 삶은 노동의 영역으로, 살고자 애쓰는 육체적 삶이자 실천적 삶이다. 인간이라면 어느 것도 포기해선 안 되는 이중적 삶의 모습이다.

아렌트는 활동적 삶을 노동labor, 작업work, 행위 action로 구분한다. 생존을 위한 사적 활동에 노동과 작업을, 생활이자 공적 활동에 행위를 배치한다. 지금은 누구나 노동과 작업, 행위를 함께 한다. 하지만 아렌트가 이상형으로 삼았던 고대 그리스의 폴리스는 노예 계급의 노동 생산물이 시민 계급의 자유로운 공적 활동을 뒷받침하는 체제여서, 사적 활동과 공적 활동이 분리되어 있었다. 당시 계급 분리는 정치 체제를 유지하는 중요한 원리였다. 우리나라도 16세기 왜란과 호란을 겪은 힘든 상황에서, 굶어 죽어도 양반이라며 격식을 차리는 통에 다른 가족들이 많이 고생하는 일이 있었다고 한다. 더구나 상업의 확장과 보부상의 활약으로 돈 많은 양인이 늘어났고, 사회적 지위를 얻기 위해 양반 족보를 사서 가짜 양반 행세를 하는 사람들이 많아졌다. 양반이 뭐라고 가짜 행세까지 해야 하나 싶다. 당시의 시대상을 잘 알 수 있는 소설이 박지원의 『양반전』이다. 땡전 한 푼 없더라도 양반은 양반이었던 시대이니 이해가 안 되는 것도 아니다. 지금은 재력과 사회적 지위가 정비례하는 자본의 시대이니 그때와는 다르겠지만, 누군가 수십억에 시민권을 팔겠다는 이민 정책을 내놓는 것을 보면 예나 지금이나 별반 다르지 않은 듯도 싶다.

자본주의가 확장되고 근대화되기 이전까지 대부분 국가는 정치 계급인 지배 계급과 노동 계급인 피지배 계급으로 분리되어 유지되었다. 아렌트는 계급의 문제가 아니라 활동의 결과물이 세계에 미치는 영향의 측면에서, 노동을 노동과 작업으로 나눈다. 굳이 노동과 작업을 나눌 필요가 있느냐는 비판이 있다. 노동과 작업이 분화되면 노동자 계급의 연대가 약해져서 힘을 제대로 쓸 수 없게 되어 자본가 계급의 권력이 강화될 것인데, 이에 일조하려는 것이 아니냐는 비판이다. 계급 차별이 가져온 사회적 문제를 염두에 둔 비판이다. 아렌트도 이 부분을 모르지 않았을 것이라 짐작한다. 물론 그런 의도로 나누지도 않았을 것이다. 하지만 생존을 위한 직접적인 생산 활동이라는 점에서 노동 하나로 이야기해도 될 터인데, 노동과 작업으로 나누려는 아렌트의 의도는 무엇이었을까?

아렌트는 사용과 즉시 소비되어 사라지는 생산 활동과 세계를 구성하는 인공물로서 생산물의 가치가 지속해서 남게 되는 생산 활동은 다르다고 보았다. 전자가 노동이고 후자가 작업이다. 『인간의 조건』에 나오는 노동과 작업에 대한 설명을 살펴보자.

노동은 인간 육체의 생물학적 가정에 상응하는 활동으로, 그것의 자발적 성장, 신진대사 및 부패는 노동으로 생산되어 삶 과정에 투입되는 생명의 필연성에 속한다.

노동이라는 인간의 조건은 생명은 그 자체다. (HC, 7)

작업은 인간 존재의 비자연적인 것에 상응하는 활동으로, 종種의 되풀이되는 생활주기에서 구현되는 것이 아니며, 그것에 의해 불멸성이 보완되는 것도 아니다. 작업은 모든 자연적 환경과는 정확히 다른, '인공적' 세계를 사물에 제공한다. 그 경계 내에 개인적 생명이 거주하며, 이 세계 자체는 그 모든 것들보다 오래 지속되며 초월적인 것을 의미한다. 작업이라는 인간 조건은 세계성worldliness이다. (HC, 7)

우선 노동은 인간의 생존을 위해 기본적 생필품을 만드는 활동이다. 노동 생산물은 일회적이며 소비적이다. 노동 생산물의 가치는 생산과 동시에 소비되어 사라진다. 다시 말해 탄생과 죽음이 함께 하여 흔적을 남기지 않는다. 하지만 노동은 생명 유지를 위해 꼭 필요한 활동이다. 자연물을 대상으로 한 수렵과 채집이 노동 활동의 대표적인 예다. 먹을 만큼 사냥하고 과일을 땄다. 생산물을 축적해서 부를 과시하는 것이 아니라 인간의 생명을 유지하려는 목적으로 분배하고 소비한다.

반면 비자연적인 것에 상응하는 작업은 다양한 사물을 제작해서 인공적인 세계에 제공한다. 제작 과정에서 인간은 생각한 것을 자연물에 적용하여 필요한 것을 생산한다. 노동이 자연물의 가치를 그대로 가져오는 생산 활동이라면, 작업은 정신적 활동을 통해 생산물의 다른 가치를 산출한다. 작업 생산물은 노동 생산물과 달리 소비되지 않고 사용된다. 사용 가치를 가진 작업 생산물은 세계 내에서 절대적이지는 않지만, 반영구적인 지속성을 가진다. 소비되는 것은 생산물 자체가 아니라 그것이 지닌 지속성이다. 그래서 생산물은 제작인으로부터 독자적인 객관성을 가진 독립적 지위를 갖는다.

이해하기 쉽게 사례를 하나 들어보자. 새해가 되면 사람들은 온갖 다짐을 한다. 빠지지 않고 등장하는 다짐 중 하나가 마음의 양식을 얻는 독서다. 독서를 목표로 정하고 나면 서점이 아니라 책상 사러 가구점으로 간다. 책상이 왜 필요하냐 싶은데, 새 술은 새 부대에 담아야 하듯, 새 책은 새 책상에서 읽어야 한다는 묘한 논리를 내세운다. 다만 책 읽을 장비를 다 갖추고 나면 여지없이 겪는 것이 '새해 다짐은 작심삼일'이다. 참으로 아쉽다. 어찌 되었든 기후 위기 시대에 환경 문제를 생각하는 마음으로 친환경 원목 책상을 선택한다. 그러면 원목 책상은 노동의 산물인가, 아니면 작업의 산물인가?

책상 만드는 과정은 벌목에서 시작된다. 벌목된 나무는 노동의 산물이다. 공장에 옮겨진 나무는 나무일 뿐이지 책상은 아니다. 고심해서 가구 디자이너가 도면을 그리고, 도면에 따라 자른 나무를 맞추어 책상을 만드는 것이 작업이다. 노동이 아닌 작업의 결과가 책상이다. 책상이지만 여전히 나무인데, 왜 작업의 산물인가? 정신적 활동을 거쳐 나무의 가치가 책상의 가치로 전환되었기 때문이다. 나무의 가치는 책상 만드는 작업에서 소비되어 사라지고, 완성된 사물인 책상의 가치만 남는다. 책상을 만든 나무의 가치는 책상으로 전이되어 반영구적으로 지속되지만, 추운 겨울 난로로 직행한 자투리 나무의 가치는 소비되어 사라진다. 책상은 작업의 영역에, 자투리 나무는 노동의 영역에 속한다.

자본주의적 경제 활동이 세상의 중심인 지금은 노동과 작업이 중요하다. 하지만 경제적인 것보다 정치적인 것을 중시했던 아렌트는 노동과 작업에 큰 비중을 두지 않았다. 경제적 활동은 말 그대로 사적 영역에서 사적 이익을 취하는 개인의 문제이며, 정치적으로 다뤄질 공적 문제가 아니기 때문이다. 폴리스의 정치처럼 경제적 안정이 뒷받침되어야 안정적인 정치가 이뤄지듯, 행위의 실현 가능성을 위해 노동과 작업에 대한 설명이 필요했다.

행위는 자유의 토대 위에 세워져야 굳건하다. 존 스튜어트 밀은 다른 사람에게 피해를 주지 않고 자기 마음대로 하는 것을 자유라고 말한다. 다만 사람은 혼자 살지 않고 다른 사람과 복잡하게 관계를 맺고 살아가니, 개인적 자유보다 사회적 자유를 추구하는 것이 최선이다. 그런데 사회적 자유는 먹고사는 문제에 발목을 잡히는 순간 사라져버린다. 다른 사람의 자유를 짓밟고 올라서야 내 자유를 지킬 수 있다. 다른 사람과 함께 있을 때 빛을 발하는 것이 자유인데, 오히려 자유롭기 위해 독불장군이 되어야 한다.

자유의 실현을 위해 아렌트는 노동과 작업을 사적 영역의 활동에 묶어둔다. 공적 영역에서 개인의 이익을 취하려는 순간 행위의 정당성은 사라진다. 공적 영역에서 공적 문제에 집중하려면 개인적인 욕심이 없어야 한다. 노예 계급의 노동으로 다져진 경제적 안정이 없다면 폴리스의 자유로운 정치적 삶은 불가능했을 것이다. 이처럼 먹고사는 문제가 삶의 기본이 되긴 하지만, 그것이 인간을 인간답게 만드는 것은 아니다. 인간은 노동하는 인간이기보다 언어적 인간이며, 인간 삶의 터전은 생각하며 소통하는 행위의 관계망이기 때문에, 인간은 공적 행위를 해야 인간다워질 수 있다.

● 인간을 인간답게 만드는 행위

노동과 작업은 서로의 필요를 교환하는 개인적 관계 맺음이라는 점에서 사적 활동이다. 그러나 행위는 사람들이 직접적으로 관계를 맺는 공적 활동이다. 원목 책상을 사고 싶다면, 원목 책상을 가진 사람과 만나야 한다. 매매 과정에 원목 책상이라는 사물이 없으면 판매자와 구매자의 관계는 성립되지 않는다. 사적 관계는 필요에 따라 맺어지는 일시적인 관계다. 하지만 대화하는 사람 사이에는 매개가 없다. 물론 대화의 주제가 매개일 수 있다. 필요에 따라 대화하고 끝내기도 한다. 대화는 일시적인 것이 아니라 계속 반복된다. 같은 주제라 하더라도 여러 곳에서 다양한 방식으로 사람들이 모여서 이야기한다. 그렇게 대화는 지속된다.

대화는 다양한 복수의 인간이 전제되며, 이들이 모인 곳이 공론장이다. 공론장은 공적 논의를 하는 곳이지만, 친교를 위해서 모일 수도 있다. 공론장은 생각을 강요하는 곳이 아니라 자유롭게 소통하는 곳이다. 서로 의견을 주고받는 공론장의 의사소통적 관계망은 세계에 다양한 사람이 서로 어울려 살고 있음을 알려주고, 자신이 살아 있음을 느끼게 한다. 인간을 인간답게 만드는 활동적 삶의 중심에 공론장의 의사소통 행위가 놓인다.

> 행위는 사물이나 물질의 매개 없이 인간들 사이에서 직접적으로 이루어지는 활동으로, 개별적 인간이 아니라 복수의 인간들이 지구에 살고 있으며 세계에 거주한다는, 복수성the plurality이라는 인간 조건에 상응한다. 모든 인간 조건의 측면들이 어떤 방식으로든 정치학과 연결되지만, 이 다수성은 특별히 모든 정치적 생명의 조건이다. (HC, 7)

> 행위는 고립되어서는 전혀 가능하지 않으며, 행위와 언어는 다른 사람의 실존에 둘러싸여 있는 것이 필요하다. (HC, 188)

행위의 목적은 내가 있다는 것을 다른 사람에게 알리는 것이다. 어떻게 해야 효과적으로 나를 알릴 수 있을까? 사실 방법은 어렵지 않다. 사람들과 이야기를 나누면 된다. 나뿐만 아니라 다른 사람도 마찬가지다. 자기 이야기를 다른 사람에게 해서 '내가 여기 있다'라고 알리면 된다. 말하기는 서로의 있음을 확인하는 가장 빠르고 효과적인 방법이다. 요즘처럼 과학기술이 발전한 디지털 사회에서는 소셜 네트워크 서비스를 이용해서 사진이나 영상으로 소통하기도 한다. 하지만 다른 소통 방법과 비교해 도구 필요 없이 소통 당사자들만 있으면 된다는 점에서 말하기가 제일 간단하다.

사람은 말로 다른 사람과 소통하고 관계를 맺는다. 복잡하게 얽히고 얽힌 관계망에서 서로의 의견을 공유한다. 같은 의견이라면 반갑게 공감할 것이며, 다른 의견이라면 받아들일 만한 것을 찾는 재미가 있을 것이다. 둘보다는 셋이 좋을 것이다. 같은 생각을 하는 사람끼리 모이는 것도 좋지만, 다른 생각을 하는 사람이 끼어들면 더 재미있을 것이다. 그렇게 행위는 다양한 사람이 모여서 하는 집합적인 언어 활동이다.

다르게 생각하고 말하는 것만으로 행위가 충족되

지 않는다. '반성하지 않는 삶은 살 가치가 없다'는 소크라테스의 이야기처럼, 자신을 되돌아보기 위해 생각하는 나와 생각되는 나 사이에서 주고받는 무언의 대화는 중요하다. 세상보다 자신과의 일치를 중시했던 소크라테스지만, 혼자만의 생각에 빠지지 않고 사람들과 이야기를 나누었다. 대화하며 다른 사람과 생각을 공유하고자 했다. 왜냐하면 우리는 혼자 살지 않고 다른 사람과 함께 살며, 단지 살기만 하는 것이 아니라 관계를 맺고 있기 때문이다. 관계 맺기는 생각만으로 불가능하다. 자기 생각을 말하고, 다른 사람의 생각을 듣는, 말하기와 듣기가 교차해야 한다. 언어 활동의 의사소통적 관계망은 자신이 다른 사람과 어울려 살고 있음을 보여준다. 다만 관계 맺기는 강제적이 아니라 자유로워야 한다. 자유로운 생각은 다른 사람과 다른 생각을 만들고, 내가 다른 사람과 다르다는 것을 보여준다. 행위는 자유의 실현이며, 그렇기에 정치적이다.

실제로 글을 쓰는 일은 쉬울 줄 알았다. 그의 머릿속에서 문자 그대로 몇 년 전부터 끊임없이 불안하게 이어지던 독백을 종이에 옮기기만 하면 될 줄 알았다. 하지

만 지금은 그 독백조차 말라붙었다.[13]

조지 오웰의 『1984』는 빅 브라더의 감시와 언어
통제 사회에서 인간성이 사라져간다는 디스토피아 소설
이다. 윈스턴 스미스는 우연히 발견한 공책과 펜으로 첫
일기를 쓴다. 일단 날짜부터 쓴다. '1984년 4월 4일'. 하지
만 이것으로 끝이다. 더 쓸 말이 없다. 혼자서 뭔가를 생
각해 본 적이 없기 때문이다. 생각과 글쓰기가 금지된 사
회에 사는 스미스는 일기를 써 본 적이 없다. 자유롭게
생각한 적이 없고, 개인적으로 글을 써본 적도 없다. 머
릿속에 든 생각은 스스로 생각한 것이 아니라 누군가 만
들어낸 것들 뿐이다. 그러니 자기만의 표현을 찾는 것은
무리다. 날짜조차 제대로 썼는지 확인되지 않는데, 자유
로운 글쓰기가 가능하겠는가.

글쓰기가 직업인 작가도 첫 문장 쓰는 것이 고역
이라고 한다. 운 좋게 첫 문장이 풀리면 생각의 봇물이
터져 글이 저절로 써진다고도 한다. 글을 써본 적이 없
는 스미스는 더 힘들었을 것이다. 그래도 노력의 결과였
을까. 고장 난 생각의 회로가 다시 움직이면서 글이 써졌
고, 그 순간 스미스는 살아 있음을 느낀다. 그것이 결국

자신을 고통 속으로 몰아넣게 되더라도 말이다. 고통 속에서 스미스가 얻고자 한 것은 무엇이었을까? 그것은 생각하고 말하고 글 쓰는 자유였다. 자유로운 행위, 그것이 스미스를 스미스답게 만들기 때문이다. 인간다운 인간이 가득한 세계의 삶, 그것이 행위로 가득한 정치적 삶이다. 그래서 정치는 자유의 실현이다.

> 정치적이라는 것, 즉 폴리스에 산다는 것은 모든 것을 힘과 폭력이 아닌 말과 설득을 통해 결정한다는 것을 의미한다. 그리스인들에게 폭력으로 사람들을 강제하는 것, 설득하기보다는 오히려 명령하는 것은 폴리스 밖에 사는 사람들을 다루는 전정치적 방식이었다. (HC, 26~27)

행위는 언어를 매개로 서로 의견을 나누고 이해하는 의사소통이다. 행위는 혼자 있을 때 하는 것이 아니라 다른 사람과 있을 때 일어나는 집단적 소통 방식이기에 정치적이다. 그래서 행위는 정치적 행위이며, 무대인 공론장이 필요하다. 공론장에서 사람들은 서로가 다르다는 것을 행위로 알게 되고, 자기 존재가 세계에 있음도 알게 된다. 행위의 말하기는 앵무새처럼 남의 말을 의미 없이 반복하는 것이 아니다. 자신만의 고유한 방식으로 말하는 것이다. 각자 자기 방식으로 말하고 서로를 이해하고 설득해서 관계를 맺는 것, 그것이 행위의 목적이다.

아렌트는 『1984』의 세계를 독일 나치의 전체주의적 정치 체제에서 경험한다. 그녀가 머물렀던 집단수용소는 생각과 판단이 금지되고, 침묵과 복종이 강요되며, 언어가 조작되고, 보편적인 도덕 명제마저 부정되는 곳이었다. 살아 있어도 살아 있지 않은 삶, 종소리에 무조건 반응하는 파블로프의 개가 되는 삶, 꼭두각시 인형처럼 조종당하는 비인간적 삶이었다. 본성적으로 자유로운 인간은 어디에도 없는, 정치적 행위가 사라진 비정치적 사회였다.

1945년 8월 제2차 세계대전이 끝나면서 독일 나치 정권의 전체주의적 통치도 끝났다. 사람들은 비인간적이고 비정치적인 사회가 끝날 것이라 기대했다. 하지만 달라진 것은 없었다. 그저 세계의 주인이 바뀌었을 뿐 사람들은 여전히 파블로프의 개가 되었고 꼭두각시 인형이 되었다.

● 경제적 안정, 행위의 필요조건

공동체적 삶은 노동, 작업, 행위의 적절한 조화로 유지된다. 노동과 작업이 동일성에서 세계를 지속시키는 활동이라면, 행위는 다양성에서 서로가 다른 존재임을 인식하도록 소통하는 활동이다. 전자는 생존이란 사적 활동의 사적 영역을, 후자는 소통이란 공적 활동의 공적 영역을 점유한다. 정치적으로 보면, 오이코스oikos는 사생활이 이루어지는 사적 영역이며, 에클레시아ecclesia는 정치권력이 행사되는 공적 영역이다. 둘 사이에 이야기와 교제가 이루어지는 사적이고 공적인 영역이 뒤섞인 아고라agora가 있다. 현실에서 사적 영역과 공적 영역은 서로 교차한다. 사적 삶이 안정되야 공적 행위로 확장될 수 있기에, 두 영역은 유동적 및 유기적으로 연결된다. 따라서 사적 및 공적 영역의 자기 역할이 무엇인지 제대로 아는 것이 필요하다.[14]

사적 영역은 의식주에 필요한 것을 안정적으로 갖추는 것이 목적인 개인 생활의 영역이다. 경제적 활동이 주축을 이루는 사적 영역은 노동과 작업으로 구성된다. 수신제가치국평천하修身齊家治國平天下라고 했다. 천하를 다스리는 것까지 고민할 필요는 없겠지만 자신을 가지런히 하고 가정을 평안히 하는 것은 중요하다. 사적 영역의 경제적 안정이 보장되면, 사람들은 사적 이익에 휘둘리지 않고 자유롭게 공적 활동을 할 수 있다.

　　사적 영역의 대표적 집단은 가정이다. 가정은 가족의 생존을 보장하는 활동을 하는 곳으로, 모두가 단합하여 생필품 생산에 참여한다. 생존을 위해 구성원의 단합이 중요해서 강력한 힘을 가진 지도자가 효과적으로 운영한다. 수직적인 서열에 의해 가장을 중심으로 각자 역할을 충실히 하면 가정은 안정화된다. 다만 가정을 지킨다는 명분으로 폭력을 행사하거나 맹목적 복종을 요구하는 전체주의적 지배가 될 여지가 있음을 간과해서는 안 된다.

　　자유롭다는 것과 폴리스에서 산다는 것이 어떤 의미에서 같다는 것은, 폴리스에 살기에 자유로운 것이 아니라 자유롭기에 폴리스에서 산다는 것이다. 이 말은 사적 영역의 안정이 가져온 자유의 실현이 공적 영역인 폴리스에서의 시민적 삶을 보장함을 가리킨다. 폴리스의 시민은 자신을 위해서도 다른 누구를 위해서도 일하지 않는다. 시민의 공적 활동은 노예 노동의 결과다. 노예 계급은 공적 영역에 진출할 수 없다. 노예의 삶은 모든 삶의 가치가 노동에 종속되며 생산 활동에 무조건 복종해야 한다. 삶의 필요성에 예속된 노예의 삶은 자유가 없는 삶이다. 폴리스에서 공적 영역에 참여하는 것은 노동으로부터 자유로운 사람에게만 주어진 권리다. 노동을 통해 사적 이익을 추구하는 삶이 아니라 사적 이익의 안정을 통해 공적 이익을 추구하려는 삶이 정치적 삶이다. 먹고 사는 문제가 해결되지 않는다면 공적 영역에서도 자유로울 수 없다.

아렌트의 정치는 사적 영역의 안정을 전제한다. 그러나 경제적 활동까지 스스로 책임져야 하는 현대 사회에서 완전한 자유를 누리는 것은 불가능하다. 사적 영역의 불안전성은 정치적 행위의 기회를 뺏을 뿐만 아니라 노동과 작업에 묶인 현대인을 노예로 만든다. 스스로 일하지 않으면 살 수 없는 현대 사회에서 정치는 직업 정치가들의 몫이며, 경제적 활동에 묶인 사람들에게 자유로운 정치적 행위의 기회는 잡히지 않는 뜬구름이다. 아렌트는 "노동하는 것은 필요성에 의해 노예화되는 것을 의미한다(HC, 83)"라고 말한다. 스스로 생각하지도, 판단하지도 못하는 노예는 주인의 명령에 복종해야 한다. 노예가 아니더라도 사적 이익이 목적이라면 제대로 된 행위는 어렵다.

> 전적으로 사적 삶을 살아간다는 것은 무엇보다도 진정한 인간 삶에 근본적인 것들이 박탈되는 것을 의미한다. 즉 다른 사람들을 통하여 보고 듣게 되는 현실을, 공통적인 사물 세계의 매개를 통해 다른 사람들과의 '객관적인' 관계를, 삶 자체보다 더 영원한 어떤 것을 획득할 가능성을 박탈당하는 것이다. 사생활의 박탈은 다른 사람의 부재에 놓여 있다. (HC, 58)

공적 영역의 나에게는 다른 사람과 다른 '나'만의 독특성이 있으며, 이러한 독특성을 가진 다양한 인간은 탄생과 죽음을 통해 지구에 나타난다. 인간이 사는 인공적 세계인 지구는 수많은 인간의 탄생과 죽음으로 구성되며, 다음 세대로 이어지는 지속성을 갖는다. 탄생과 죽음은 모든 인간에게 부여된 같은 사건이지만, 살아 있는 동안 인간은 각자의 방식대로 산다. 다른 사람과 다른 자신으로 살면서 세계를 다양하게 구성하고 발전시킨다. 만약 모두가 같아서 서로 구분되지 않는다면, 그래서 과거, 현재, 미래의 모든 것이 같아진다면, 세계는 지속하길 멈출 것이다. 아렌트는 "공동 세계의 종말은 세계가 단일한 측면에서만 보일 때 그리고 오직 하나의 시각에서 보이는 그 자체로서 허용될 때 도래하게"(HC, 58) 된다고 말한다. 세계의 지속은 다양한 사람의 다양한 삶으로 이어져야 한다. 이를 위해 인간은 노동이나 작업에서 자유로운 정치적 행위 주체가 되어야 한다.

● **정치를 넘어선 불안한 경제**

정치적 행위 주체의 목적은 세계에서 살아남는 것이 아니다. 다양한 사람과의 공적 담론을 통해 나를 나답게 만드는 것이다. 행위한다는 것과 자유롭다는 것은 동의어다. 자유로워지려면 먹고 사는 문제에 휘둘려서는 안 된다. 그래서 노동이나 작업 따위에 자기 삶을 저당 잡혀서는 안 된다. 그런데 지금 우리에게 이것이 가능할까? 가이 스탠딩에 따르면, 전 지구적 계급 구조를 재구분할 때, 제1계급은 백만장자인 부호계급이다. 세계에서 돈이 가장 많은 계급이니 일 따위는 하지 않고 놀고먹기만 하면 될 것 같다. 하지만 이들도 일한다. 다만 이들의 부富는 노동 시간이 아니라 자산에 비례해서 증가한다. 반면 최하위 계급인 프레카리아트는 불안정하고 불완전한 노동을 한다. 정해진 작업장도, 노동 시간도 없다. 돈을 받지 못할 때도 있다.[15] 자본주의 사회의 계급 구조를 따지는 것이 아니다. 최상위 부호계급이든 최하위 프레카리아트든, 누구도 노동과 작업에서 벗어날 수 없는 것이 지금의 현실이다. 그렇다면 아렌트가 말하는 정치적 행위 주체의 경제적 안정을 기반으로 한 자유는 불가능한 것이 아닌가?

경제적 안정은 정치적 행위를 위한 전제이지 공적 논의의 대상이 아니다. 그러나 자본주의가 확장되면서 경제적 문제는 정치적 문제가 된다. 선거철 공약 1순위가 경제적 안정을 위한 일자리 마련 정책이다. 기획경제부 장관이 국무부총리를 겸직하는 것을 보면, 경제적 문제가 국가 정책의 주요 과제임은 부인할 수 없다. 자본주의 사회에서 경제적 활동은 물건을 만들고 사고파는 과정에서 개인적 부를 축적하는 사적 영역의 사적 활동이다. 여기에 수요와 공급이라는 시장 논리 이외에 다른 사람의 참견은 필요 없다. 내가 사업을 하는데 다른 사람이 감

놔라 배 놔라 할 수 없다. 국가의 간섭은 더더욱 아니다. 그러나 경제적 문제가 개인이 아닌 전체의 문제가 되면 상황은 달라진다. 국가 정책의 최우선 목표는 경제 안정이며, 노동과 작업에 관련된 현안은 모든 정치적 행위에 우선한다. 생각하고 말하기 전에 통장 잔액부터 채워야 한다. 사회적 지위는 재산 목록의 길이로 정해지며, 재산 정도에 따라 나의 가치가 결정된다. 이런 상황에서 아렌트의 정치적 행위를 논하는 것은 무의미하지 않을까?

아리스토텔레스는 『정치학』 3권 1장 "시민을 어떻게 정의할 것인가"에서, 노예가 아닌 본성적으로 자유민인 사람을 모두 시민으로 다룬다. 하지만 이들이 모두 시민의 역할을 하지 않는다. 재판과 행정이라는 공직을 담당해야 할 시민은 결격 사유 없이 완전해야 한다. 건장한 남성임은 물론이고 경제적 안정과 시민으로서의 순결한 가족 관계, 그리고 수사학적 언어 능력까지 갖춰야 완전한 시민이다. 전쟁을 통해 포섭되거나 귀화한 시민, 시민이 될 잠재성을 갖춘 어린아이나 노쇠하여 제 역할을 할 수 없는 노인, 그리고 여성은 완전한 시민일 수 없다. 완전한 시민은 공석에 앉아 공적 문제를 심사숙고한다. 이들이 폴리스의 정치적 인간인 시민이다.

무엇이 시민의 자유를 보장하는가? 먹고사는 문제에 급급해서 다른 생각을 할 여유가 없는 사람들은 자유롭지 않다. 노동과 작업에 전력을 쏟아야만 살아남는 사람은 다른 곳에 눈 돌릴 여유가 없다. 그러나 경제적으로 안정된 사람은 주변을 돌아볼 여유가 있다. 내 배가 불러야 다른 사람 배고픈 것이 보인다. 고대 폴리스의 시민은 자신을 위해서도 다른 사람을 위해서도 노동하지 않았다. 그렇게 경제적으로 안정된 시민은 자유롭게 공적 삶을 살았다. 사회에서 이들이 맡은 배역은 노동하는 역할이 아니라 행위하는 역할, 즉 정치적 인간이었다.

　　노동과 행위가 늘 나뉘어 있었던 것은 아니다. 중세 봉건 사회로 들어서면 사정은 달라진다. 영주의 정치적 활동과 장원의 경제적 활동이 상호 보완적 관계로 전환되면서, 경제적 활동은 사적 영역이 아닌 공적 영역으로 자리를 옮긴다. 정치적으로 배제되었던 시민 계급이 정치에 참여하기 위해 자신의 부를 군주에게 제공했고, 재정적 지원을 받기 위해 군주는 경제적 문제를 공적 영역에 포함할 수밖에 없었다. 이제 이들의 공적 관심은 어떻게 하면 부를 더 많이 축적할 수 있는가에 쏠린다. 공론장에 모여 이야기하기보다 공장에 가서 한 시간이라도 더 일하는 것이 중요하다. 정치라는 공적 영역은 한가한 사람들의 놀이터이고, 내가 있어야 할 곳은 노동과 작업의 영역이다. 모두의 관심은 쉬지 않고 일할 수 있는 것, 그렇게 해서 부를 축적할 수 있는 것을 향한다. 이런 상황에 대해 아렌트는 사회적인 것the social의 출현으로 정치적 행위가 위기에 처했다고 말한다.

아렌트는 "사회적 영역의 출현이 근대 시대의 출현에 근원적으로 수반하며 민족-국가에서 정치적 형태를 찾을 수 있는 상대적으로 새로운 현상"(HC, 28)이라고 규정했다. 산업 혁명으로 자본주의가 비약적으로 발전한 근대는 경제적 부의 획득이라는 공통된 목적에 모든 사람을 묶어둘 수 있는 계기를 마련했다. 정치적인 것에서 사회적인 것으로 관심이 이동하면서, 인간 활동 역시 사회적 활동으로 대체되었다. 사적 영역의 경제적 활동이 공적 영역의 정치적 활동을 대신함으로써 노동과 작업이 정치적 행위의 자리를 차지했다.

사회적인 것의 출현은 사람들의 삶을 다양성의 세계에서 동일성의 세계로 옮겨놓는다. 다르게 생각하고 말하는 것이 중요하지 않다. 누가 더 많은 부를 축적할 것인가 경쟁하는 것이 중요하다. 부富라는 단일 목표를 향해 모두 앞만 보고 뛴다. 먼저 가기 위해 상대를 밀치고 짓밟는 것이 허용된다. 호사스러운 장식품이 된 자유는 뛰는 데 방해가 된다. 부를 축적하고 나면 누릴 수 있다고 생각해서인지 자유는 삶의 우선순위에서 밀려난다. 사회적인 것의 출현은 자유를 억압한 전체주의적 세계의 회귀처럼 보인다. 아렌트는 위험하다고 지적한다. 자유는 당연히 0순위여야 하는데, 사람들은 자꾸 잊어버린다. 그럴 수밖에 없는 것이 폴리스적 삶과 달리 지금의 자본주의 사회는 노동으로부터 예외가 없기 때문이다.

지금은 자신이든 남을 위해서든 일하지 않으면 살아남을 수 없으며, 쉬지 않고 일해야 살아남는 노동의 시대다. 폴리스의 공적 활동이 공론장에서 이야기하여 설득하고 이해하는 것이라면, 자본주의 사회의 공적 활동은 노동의 기회를 놓치지 않기 위해 쉼 없이 일하는 것이다. 일하지 않으면 살아남을 수 없는 시대에 정치적 행위는 사치일지 모른다. 피터 란바우는 『마그나카르타 선언』에서, "정치적 및 사법적 권리는 경제적 토대 위에서만 존재할 수 있다. 우리가 자유로운 시민들이 되려면, 그와 동시에 평등한 생산자이자 소비자가 되어야만 한다"[16]고 말한다. 하지만 열심히 일해도 경제적 안정을 보

100

장하기 어렵고, 법적으로 자유가 보장되어도 평등한 생산자이자 소비자가 될 수 없다.

● 정치와 경제의 경계에 선 혁명

경제적으로 안정적인 사람만이 공직에 나갈 수 있었고 선거권조차 경제력에 비례했던 근대 자본주의 사회에서, 정치적 행위를 가로막는 걸림돌은 빈곤이었다. 부유함은 물질적 삶뿐만 아니라 도덕적 삶의 잣대로 작용했다. 부자의 행위는 자선과 배려로 포장되었지만, 빈자의 행위는 게으름과 부도덕으로 비난받았다. 19세기 노동자 계급의 열악한 상황을 굳이 설명하지 않더라도 빈곤의 공론화는 당연한 결과였다. 이러한 자본주의적 상황을 적나라하게 반영하여 노동하는 인간의 문제를 다루는 것이 마르크스주의 정치경제학이다.

자본주의가 발전하면 발전할수록 부르주아와 프롤레타리아트 간의 빈부격차는 무한대로 벌어졌다. 절대다수가 빈곤층으로 전락하게 된 것은 프롤레타리아트가 게을러서가 아니다. 열심히 일하면 부자가 될 것이라는 자본주의적 논리는 그저 희망 고문일 뿐이다. 열심히 일하면 일할수록 부르주아는 더 부유해지고 프롤레타리아트는 더 가난해진다. 프롤레타리아트의 열악한 생존 환경을 바꾸는 방법은 부의 소유에서 나온 근본적인 적대 관계를 없애는 것, 다시 말해 혁명으로 경제적 불평등을 없애는 것뿐이다.

> 빈곤은 박탈보다 더한 것이며, 탈인간화의 강제력을 지닌 가장 치욕스럽고 지속적인 결핍과 고통의 상태이다. … 다수가 프랑스 혁명의 지원에 성급하게 달려들고, 그것을 고무시키고, 앞으로 밀어냈으며, 마침내는 파멸에 이르도록 만든 필연성의 법칙에 있었다. 왜냐하면 이 다수는 대다수의 가난한 자들로 구성되었기 때문이다. … 자유는 필연성, 삶 과정 자체의 절박성에 의해 포기되었다. (OR, 60)

빈곤은 인간의 생존 자체를 절박하게 만든다. 생존 자체를 위협당하는 계급, 필연성에 종속당한 계급은 정치적 행위보다 경제적 안정이 필요하다. 혁명은 자유를 목적으로 하지만, 절대적 빈곤 상태에 있는 사람들에게는 자유보다 한 덩어리의 빵이 더 중요하다. 사람들은 삶의 필연성에 종속되어 노예화되고, 혁명의 목표는 자유의 획득에서 선회하여 다수의 행복 추구로 바뀌게 될 것이다. 혁명이 빈곤층에게 공적 영역의 문을 여는 순간, 이 영역은 정치적 영역이 아닌 사회적 영역이 된다.

역사상 정치적 및 경제적 불균형을 벗어나려는 인간의 수고는 설득과 이해를 통한 언어 활동보다 폭력적 수단을 이용한 힘의 과시로 드러났다. 정치적 힘을 갖지 못한 피지배 계급은 폭력적 수단을 도구화하는 것 이외에 다른 것을 택할 처지가 아니었다. 빌헬름 라이히는 "자유로워질 능력이 없는 인민 민중이 자유를 획득하고 평화를 유지하기 위해서는 그들 자신이 사회적 권력을 가져야만 한다"[17]고 말한다.

그러나 빈곤과 억압에서 벗어나기 위해 인민은 꼭 폭력적인 것을 선택해야 하는가? 정치적 힘이 없더라도 피지배 계급의 해방적 무기가 반드시 폭력적일 필요는 없다. "비판의 무기는 무기의 비판을 대신할 수 없다. 물질적인 힘은 물질적 힘으로 전복되어야 한다. 그러나 이론 또한 대중을 사로잡으면 물질적 힘이 된다"[18]는 말처럼, 피지배 계급일지라도 상황을 정확히 분석하고 판단하는 비판의 힘을 갖춘다면 해방의 길로 들어설 것이다.

해방을 위한 인민의 활동인 전쟁이나 혁명은 폭력적일 수밖에 없고, 억지로라도 폭력을 정당화하거나 미화한다. 폭력의 정치학자로 알려진 마키아벨리는 『군주론』에서, 군주가 인민을 통치하는 방법으로 법이라는 인간의 방법과 힘이라는 동물의 방법을 제시한다. 그리고 현명한 군주라면 상황에 따라 적절하게 선택해서 통치해야 한다고 강조한다. 마키아벨리를 오해한 사람들은 '상황에 따라'를 삭제하고, 힘에 의한 폭력적 통치가 정당화된다고만 말한다.

문제를 해결하는 가장 쉬운 방법은 폭력이다. 말보다 주먹이 앞서고, 법보다 힘이라는 말은 괜한 말이 아니다. 어쩔 수 없는 선택이었다고 해도, 육체적 및 정신적으로 피해를 주는 폭력적 행동은 정당화될 수 없다. 전쟁이나 혁명의 목적이 아무리 정의롭다고 해도, 수많은 사람이 죽거나 다치고 삶의 터전이 폐허가 되는 폭력적 상황은 결코 정의로울 수 없다.

그러나 폭력을 사용해야 하는 전쟁이나 혁명이 정당화되기도 한다. 권력은 폭력에서 나올 수 없지만, 정치적 전환을 위한 폭력의 도구화는 불가피하다. 아렌트에게 혁명은 과거와 그 예측할 수 있는 결과의 고리를 단절하고, 세계를 새롭게 시작하려는 경험이다. 카인이 아벨을 살해하고 로물루스가 레무스를 살해함으로써 시작하듯, 성서로부터 혹은 고대로부터 새로운 것의 시작은 폭력에서 나온다(OR, 20). 공론장에서 함께 이야기할 기회를 상실한 피지배 계급이 현 정치 체제를 전복시키고 새로운 정치 체제로 이행하려면, 혁명의 방법으로 폭력을 선택할 수밖에 없다. 새로운 정치 체제를 세우는 새로운 시작을 위해 폭력이 수반된 혁명은 피지배 계급에 정치적 행위의 기회를 허용한다. 그런 점에서 혁명은 폭력적이지만 정치적이다.

새로운 사회로의 이행을 꿈꾸는 혁명이 일어나는 이유는 여러 가지가 있을 것이나, 대체로 정치적 억압에서 벗어나 자유를 얻으려는 정치적 해방이거나 빈곤에서 벗어나 생존하기 위한 경제적 해방을 위해 일어난다. 아렌트는 『혁명론』에서, 빈곤에서 벗어나 경제적 해방에 집중한 프랑스 혁명은 실패한 혁명, 새로운 사회로의 이행을 목적으로 정치 체제 수립에 집중한 미국 혁명은 성공한 혁명이었다고 평가한다.

세계사에서 중요한 전환점으로 다뤄지는 프랑스

혁명이 왜 실패한 혁명인가? 프랑스 혁명이 발발하던 시기는 상공업 중심의 산업 재편으로 새로운 시민 계층이 형성되었고, 절대주의 왕정의 정치적 횡포는 인민의 생존을 위협하고 있었다. '빵을 달라'는 목소리는 새로운 정치 체제의 수립보다 생존이 더 시급한 문제라는 인민의 외침이었다. 따라서 프랑스 혁명의 목적은 왕정 타도가 아니라 부의 재분배를 통한 경제적 불평등을 없애는 것이었다. 절대 왕정의 부패도 시급한 문제였지만 빈곤에 발목을 잡힌 프랑스 혁명은 새로운 정치 체제로 이행할 힘이 없었다. 프랑스 혁명이 서구 근대사에 미친 영향력은 컸으나 부의 재분배조차 제대로 이뤄지지 않아, 대부분 절반의 성공을 거두었다고 평가한다. 빈곤은 인간의 생존을 위협하는 심각한 요인이지만, 여기에 너무 집중한 나머지 정치적 문제를 간과한 프랑스 혁명을 아렌트는 실패한 혁명으로 평가할 수밖에 없었다.

프랑스 혁명과 달리 미국 혁명은 독립 전쟁으로 새로운 공화국을 형성하고자 했다. 미국 혁명은 경제적 해방이 아니라 새로운 정치 체제를 위한 정치적 해방이 목적이었으며, 그런 점에서 아렌트가 보기에 성공적인 혁명이었다. 미국 혁명은 "직접적으로 그리고 필연적으로 우리가 시작의 문제에 직면해 있는 유일한 정치적 사건"(OR, 21)이었다. 새로운 정치 체제로의 전환을 꿈꾸었던 미국 혁명은 시간이 흐를수록 혁명의 진정성에서 멀어졌다. 아렌트가 성공한 혁명의 사례로 바라봤던 1950년대의 미국은 전체주의적 경향에 맞서 대중의 자발적 합의를 토대로 형성된 민주주의의 현실태였다.

그러나 지금의 미국 민주주의는 폭력과 테러를 정당화하는 전체주의적 경향을 보여주고 있다. 이것은 아렌트가 새로운 정치 체제인 공화정에 대한 이상향으로 미국을 바라봤던 때와는 분명히 다르다. 지금의 미국은 세계를 선과 악의 이분법으로 재단하고, 스스로 악을 단죄하는 신의 역할을 맡고 있다는 정치적 환상에 빠져 있다. 혁명 정신은 혁명이 성공하고 나서도 계속해서 유지되어야 한다. 그러나 "사유와 기억의 실패를 통해 잃은 것은 혁명 정신"(OR, 221)이라고 아렌트가 말한 것처럼, 미국 혁명은 새로운 정치 체제를 위한 성공적인 혁명으로 시작했지만, 시간이 지날수록 초심을 잃어가고 있다.

아렌트는 새로운 정치 체제로의 이행을 중요한 정치적 과제로 생각했지만, 지금 우리의 삶을 옥죄는 것은 빈곤이다. 경제적 불평등은 국가의 안녕과 질서를 뒤흔들고 있다. 경제 발전과 사회보장 제도로 절대적 빈곤 계층이 사라지고 있다고는 하나, 여전히 생존의 위협에서 공포와 두려움을 느끼는 사람들은 적지 않다. 경제적 불평등이 가져온 공포와 두려움은 개인이 아니라 국가가 책임져야 할 절박한 상황이다. 빈부격차에 따른 프롤레타리아트의 절망적 상황이 본성적인 것이 아니라 자본주의적 발전이 가져온 인위적 결과이며, 혁명을 통해 타파하지 않으면 벗어날 수 없을 것이라던 마르크스주의의 경고를 기억해야 한다.

이제 경제적 문제는 시급히 해결해야 할 정치적 문제다. 게을러서 가난한 것이 아니다. 부지런히 일한다고 해결되지도 않는다. 경제적 하위 계급은 처음부터 부를 누릴 권리가 없었다. 더 큰 문제는 자신의 어려움을 토로할 공론장도 없다는 것이다. 정치적 권리는 없고, 일만 해야 하는 노예 계급의 삶만 허용되었다. 경제적 문제에 매달린 프랑스 혁명이 실패한 혁명처럼 보였겠지만, 새로운 정치 체제 위에 세워진 미국 역시 경제적 문제에서 벗어나지 못하고 있다. 경제적 문제를 해결해야 많은 사람이 행복해질 것 같다. 아렌트는 경제적 문제가 정치를 위협한다지만, 경제적 문제를 해결하지 않으면 정치는 더 불안해질 것이다.

　　2015년 UN에서 2030년까지 지속 가능한 발전을 위해 달성하기로 한 인류 공동의 목표 17개 중 첫 번째가 "No Poverty", 즉 빈곤 퇴치다. 절대적 빈곤은 인류의 생존을 위협할 뿐만 아니라 국가 간 권력 불균형을 가져와 사실상의 노예적 삶을 강제한다. 이것을 폭력적 방법으로 해결하는 것은 옳지 않다. 폭력은 또 다른 폭력을 가져오며 더 절망적인 노예적 삶을 요구한다. 자본주의 사회의 경제적 문제는 공론화를 통해 해결 방안을 마련해야 한다. 말로 문제를 해결할 수 있을지 의심하는 사람이 많다. 지지부진한 탁상공론이 문제를 오히려 악화했던 적도 한두 번이 아니다. 하지만 제대로 공론화했던 적은 있었던가를 떠올려보자. 빈곤을 타파하여 경제적 균형을 이루려는 것은 인간이 인간답게 살려는 의지의 표명이다. 이를 위해 함께 머리를 맞대고 이야기를 나누며 올바른 판단을 내리는 정치적 행위 주체로서 자발적으로 공론장에 참여해야 할 것이다.

5

전체주의의 폭력과
정치적 행위의 무능력함

● 양립할 수 없는 권력과 폭력

이성계의 위화도 회군이 조선 개국의 문을 열었다
고 기억한다. 14세기 고려의 요동 정벌에 반대한 이성계
가 위화도에서 회군하여 개경으로 향한 정변이었다. 정
변 이후 최영을 비롯한 강경파들이 숙청되었고 고려의
멸망은 가속화되었다. 이방원이 이런들 어떠하고 저런들
어떠하냐며 '하여가'로 청했을 때, 임 향한 일편단심은 변
할 수 없다고 답한 '단심가'의 정몽주는 선죽교에서 죽음
을 맞이했다. 신진사대부들의 지지를 받아 새로운 정권
이 세워졌지만, 조선 500년 역사는 폭력에서 시작되었다.

고려의 멸망이 조선의 건국으로 이어진 것처럼, 기존의 것을 파괴해야 새로운 것이 시작된다. 폭력이 모든 것을 만든다. 조선은 폭력으로 만들어졌다. 하지만 권력은 폭력이 끝나는 순간 시작된다. 조선은 태조 이성계의 뛰어난 능력만으로 만들어지지 않았다. 신진사대부를 비롯해 그를 지지했던 수많은 사람의 정치적 염원이 모인 집단 의지의 결과다. 권력은 공동으로 행동하려는 인간의 능력에 상응하는 것이며, 개인의 고유한 특성이 아니라 집단적이다(CR, 143). 개인적 의지는 다른 사람의 자유를 박탈하고 폭력적으로 대한다. 폭력이 끝나는 순간 권력이 시작되듯, 개인의 의지가 집단 의지로 전환되었을 때 권력은 시작된다. 공적 영역에서 행사되는 권력은 집단적이다. 따라서 권력은 정치적이다.

마키아벨리는 폭력을 정치적 수단으로 정당화한다. 마키아벨리에게 인민은 자기 좋은 일에는 적극적이지만 손해가 조금이라도 있으면 반대편에 서는 변덕스러운 존재다. 그래서 선물은 가끔 주고 벌을 줄 때는 아주 강력하게 줘야 하는, 그렇게 힘으로라도 군주를 따르게 해야 한다. "종종 지배자의 결정을 비난하는 데 대담하고 노골적인 언사를 사용하지만, 정작 처벌이 닥치게 되면

서로를 믿지 못하고 복종을 서두른다."¹⁹ 혼자 있을 때는 나약하고 소심한 인민이 무리를 이루면 대담해진다. 그래도 군주는 변덕스러운 인민에 끌려다녀서는 안 된다. 군주는 공동체를 올바르게 통치하기 위한 권력에만 집중하면 된다.

그렇다고 인민을 무시해서는 안 된다. 공동체는 인민으로 구성되어 있고, 권력은 인민의 집단 의지다. 인민은 돌연 태도를 바꿔 반정치적일 수 있고 혁명적 세력이 되어 권력에 반기를 들기도 한다. 그럴 때는 과감하게 폭력을 써야 한다. 권력을 유지하려면 폭력을 쓸 수밖에 없다. 그런 점에서 폭력과 권력은 떼려야 뗄 수 없는 관계다. 하지만 마키아벨리의 의도를 오해하지는 말자. 그에게 폭력은 아무 때나 쓰는 것이 아니라 어쩔 수 없이 선택하게 되는 차악의 방법이다.

인민 통치를 위해 폭력을 선택했던 마키아벨리와 달리, 아렌트에게 폭력은 정치를 위험하게 만드는 도구이다. 20세기는 전쟁과 혁명의 시대였으며, 과학기술이 발전하면서 더 강력해진 폭력 도구의 사용은 정치적 이상과 조화를 이룰 수 없게 되었다. 원자폭탄은 제2차 세계대전을 끝내는 데 효과적인 무기였지만, 그 결과는 인류의 파멸을 초래할 만큼 참혹했다. 전쟁을 끝내기 위해 원자폭탄을 사용한 것은 정당화할 수 있다. 하지만 수단이 목적의 정당성을 넘어서는 위험에 직면할 수도 있음을 간과해서는 안 된다.

인류 역사에는 수많은 전쟁이 있었고, 전쟁의 끝에 새로운 권력은 시작되었다. 폭력으로부터 권력이 나오는 것처럼 여겨진다. 폭력으로 얻은 강대한 힘, 그것이 권력인가? 근대 이후 자본주의의 확장은 착취와 억압이라는 폭력을 당연시하였고, 제국주의 열강은 가장 극단적인 형태인 전쟁으로 약소국들을 정복해갔다. 클라우제비츠는 전쟁을 자신의 의지를 실현하기 위해 적에게 굴복을 강요하는 대단위의 폭력적 행위로, 가장 극단적이면서 가장 많은 살상을 전제로 하는 치명적인 방식이라고 말했다.[20] 전쟁의 수단은 물리적 폭력이며, 전쟁의 목적은 적에게 나의 의지를 강요하는 것이다. 목적을 달성하려면 저항할 수 없도록 확실하게 적을 파괴해야 한다. 강력한 폭력만이 모든 것을 가능하게 한다.

『새왕의 방패』는 15세기 일본 전국 시대의 공성전을 다룬 이마무라 쇼고의 소설이다. 일본을 통일한 절대 권력자 오다 노부나가의 시대가 끝난 후, 권력을 향한 영주들의 힘겨루기가 전쟁으로 이어지던 혼란한 시기가 무대다. 소설은 전쟁 영웅이 아니라, 어떤 공격도 막아내는 성을 쌓으려는 새왕 교스케와 어떤 방어도 깨뜨리는 총포를 만들려는 포선 겐쿠로의 대립을 다룬다. 이들이 전쟁에 참여한 목적은 하루빨리 전쟁을 끝내고 모두 평화롭게 사는 것이다. 하지만 돌성과 총포가 부딪치는 전쟁은 산하를 폐허로 만들고 수많은 사람을 죽게 만든다. 공성전의 실체는 방어하려는 자와 깨뜨리는 자 사이의 모순이다. 한 번의 포격으로 돌성을 완전히 파괴할 수 있는 총포를 만들고 싶은 포선 겐쿠로의 마음은 어떨까? 강력한 살상 무기로 전쟁에서 승리하면 그가 원하는 평화를 얻을 수 있을까? 착한 전쟁이니 하얀 전쟁이니 하며 전쟁을 정당화하지만, 그렇다고 해서 폭력적인 무기의 사용을 모두 정당화할 수는 없다.

전쟁은 가장 잔인하고 폭력적이다. 소설이 아닌 현실은 더 잔인하다. 2022년 러시아가 우크라이나를 침공했다. 표면적 이유는 우크라이나의 나토NATO 가입에 따른 러시아 국경 지역의 불안감을 해소하기 위함이다. 러시아는 자국의 안전을 이유로 전쟁을 정당화한다. 하지만 전쟁은 양쪽 모두에게 참혹한 결과를 가져왔으며,

여전히 진행 중이다. 목적이 정당하다고 폭력을 정당화할 수 없다. 사람들은 빠른 결과를 원할 때 폭력을 선택한다. 하지만 폭력의 우산 아래 모인 사람들은 자신을 폭력으로부터 지킬 수 없다. 왜냐하면 폭력은 또 다른 폭력을 불러오고, 결국 폭력만이 남게 되기 때문이다.

권력과 폭력은 함께 나타나지만, 우선적인 지배 요소는 권력이다. 마오쩌둥은 권력이 총구로부터 나온다고 했지만, 아렌트는 총구로부터 결코 나올 수 없는 것이 권력이라고 반박한다. 생명을 위협하는 폭력은 가장 빠르고 효과적으로 사람들을 복종시키지만, 저항의 의지가 틈새를 파고든다. 폭력에 의한 복종은 인간을 인간답게 만들지 않는다. 폭력은 저항을 불러오고, 다른 파괴를 준비한다. 파괴하는 동안 폭력은 새로운 권력을 준비한다. 그리고 새로운 권력이 시작되는 순간, 폭력은 사라진다.

권력은 공적이며 집합적이다. 모든 것을 하나로 만드는 것이 아니라 서로 다른 것들을 모아 적절한 합의를 이룰 때 권력은 작동한다. 권력은 모든 통치의 본질이며 그 자체로 목적이다. 따라서 모든 정치는 권력을 위한 투쟁이며, 권력의 궁극적인 방법은 폭력이다.[21] 그러나 폭력에 의한 강제가 권력의 궁극적 형태를 만들었다고 하더라도 모든 국가가 폭력적 방법으로 권력을 유지하지는 않는다. 권력의 목적이 정당하다면 폭력의 사용 또한 정당화될 것이다. 하지만 정치를 하고자 한다면 폭력을 최소화하려고 노력해야 하며, 무력이 아닌 정치력으로 국민을 통치해야 한다.

권력은 많은 사람이 모여 표출하는 집단적 힘이다. 서로 다른 사람이 자유롭게 모여 의견을 나누고 합의에 이르렀을 때 권력은 만들어진다. 권력은 자유로운 행위의 결과물이지 폭력으로 강제되지 않는다. 권력과 폭력은 양립할 수 없다. 조선 초 왕권을 강화하기 위한 폭력은 제 역할을 끝내고 사라졌다. 폭력의 시대가 끝나자, 세종의 치세가 시작되었다.

● **인간이 사라진 전체주의라는 폭력**

세계사의 수많은 권력은 폭력으로부터 시작되었다. 착취라는 폭력이 부의 축적을 가져왔고, 엄청난 희생을 대가로 세계가 재편되었다. 하지만 폭력으로 만든 권력은 오래가지 못했다. 중국을 처음으로 통일한 진시황의 군국주의는 반세기 만에 무너졌고, 로베스피에르의 공포정치를 딛고 일어선 나폴레옹은 지나친 권력욕이 불러온 러시아 원정 실패로 무너졌다. 역사를 통해 배울 만큼 배웠을 텐데, 여전히 권력은 폭력으로 무너지고 세워지기를 반복한다. 세계 곳곳에서 전쟁과 내란으로, 혁명과 반란으로 그 모습을 바꿔가며 권력과 폭력의 악순환은 계속되고 있다.

　　폭력은 개인적 힘을 과시하여 다른 사람에게 억지로 일을 시키는 방식이다. 숱한 사람들이 폭력적으로 권력을 얻었다. 그렇게 얻은 권력을 유지하는 방법은 폭력뿐이다. 폭력으로부터 나온 권력이라면, 권력과 폭력은 양립할 수 있는 것이 아닌가? "모든 권력의 감소가 폭력의 공개적인 초대라는 것을 알고 있으며, 모르고 있다면 알아야 한다"(CR, 184)는 구절처럼, 폭력으로부터 권력은 나올 수 없다. 오히려 폭력은 권력을 파괴한다.

　　아렌트의 권력은 힘과 폭력이 아니라, 말과 설득에서 나온다. 인간은 자유롭길 원한다. 강제적으로 명령하기보다 자유롭게 소통하고 합의에 이르길 원한다. 권력은 소수의 강제 집행이 아니라 다수의 자발적 합의에 따른 행동으로 나타난다. 권력은 모든 통치의 본질이며

117

그 자체로 목적이다. 집합적 권력은 미래의 평가가 아닌 현재의 적법성을 요구한다.

합리적인 설득과 동의는 문제에 대한 공동의 관심과 그에 따른 해결을 바라는 집단 의지에서 나온다. 집단 의지의 발현이 정치적 행위다. 정치적 행위는 자유로운 공론장의 의사소통이다. 정치적 행위는 시민의 정치적 권리이며, 정치적 권리의 다발이 권력이다. 폭력에 의한 강제가 아니라 자유와 자발성에서 나온 정치적 행위야말로 지속 가능한 권력이다. 폭력이 권력과 양립할 수 없는 것은, 정치의 가장 중요한 요소인 자유가 없기 때문이다. 폭력은 자유를 뺏고 침묵과 복종을 강요한다. 폭력의 결과는 신체적 훼손이나 죽음만이 아니다. 인간으로서 아무것도 할 수 없는 비인간화야말로 가장 잔혹한 폭력의 결과다.

아렌트는 나치의 전체주의라는 잔혹한 폭력의 시대를 경험했다. 전체주의는 대중의 합의로 형성된 정치적 권력임에도 대중의 기대에 부응하지 않았다. 오히려 대중을 기만하는 정치 이데올로기로 작동했다. 자유의 외피를 둘러쓴 채 국가 충성이라는 정치적 목적으로 무조건 복종을 대중에게 강요했다. 아렌트는 이런 전체주의 국가의 모범적 시민을 반복된 자극에 무의식적으로 반응하는 파블로프 실험의 개와 같다고 여겼다.

인간은 탄생과 함께 새롭게 시작하는 개별적 존재이다. 개별적 존재인 나는 다른 사람과 다르다. 공론장에서 자유롭게 의사소통하며 다른 사람과 다른 자신을 발견한다. 자유의 실현은 나를 나답게, 인간을 인간답게 만든다. 그러나 전체주의는 인간의 서로 다름을 허용하지 않는다. 정치적 행위를 무력화하여, 국가 이데올로기에 무조건 복종하는 수동적 인간으로 만든다. 나치즘은 인간성 자체를 말살하려는 엄청난 재앙이라는 점에서 이전의 전체주의와는 다른 길을 걷는다.

전체주의의 시작은 나쁘지 않았다. 전체주의는 빈부격차에 따른 경제적 불안과 제1차 세계대전 이후 정치적 혼란으로부터 대중을 해방한다는 정치적 구호로 시작했다. 그러나 시간이 지나면서 자유를 억압하는 폭력적 정치 기구로 변했다. 대중의 합의로 통치되는 정치 체제가 오히려 대중을 무기력하게 만들었다. 대중은 국가의 통치 이데올로기에 수동적으로 반응하는 꼭두각시며, 그들이 외치는 대중 정치는 실현 불가능한 환상일 뿐이다.

레니 리펜슈탈이 제작한 〈의지의 승리〉는 1934년

독일 나치당의 뉘른베르크 전당대회를 촬영한 다큐멘터리다. 아이돌 그룹이 마치 한 사람인 양 군무를 추는 것처럼, 전당대회에 참석한 수많은 사람이 한 사람인 양 일사불란하게 움직인다. 그들은 하나의 사물이며, 빅데이터의 알고리즘에 무조건 반응하는 로봇이다. 효과적으로 지배하기 위해 수많은 사람을 한 사람처럼 만든다. 강제 수용소와 집단 학살 수용소는 이것을 증명하는 일종의 실험실이다. 그곳의 목적은 자유롭게 생각하고 말하는 능력을 파괴하여 인간을 사물화하는 것이다. 살아 있는 세계와 단절하여 죽음보다 더한 상태에 놓이게 만든다. 그들이 요구하는 인간은 살아 있으나 살아 있지 않은 좀비다.

공론장은 소수 지배 계급의 전용으로 전환되었고, 정치적 행위 주체인 대중은 정치로부터 소외되었다. 이러한 정치적 상황이 전체주의의 종식과 함께 끝나지 않고 현재에도 지속되고 있음이 우리를 불안하게 한다. 대중의 정치적 소외는 정치적 무관심으로 이어지고, 정치적 행위는 필요 없거나 귀찮다. 정당이 마음대로 정치를 좌지우지해도 별로 문제될 것 없는, 그렇게 정치와 대중이 분리되고 있다. 정치와의 거리두기가 불편하지 않다.

조금 부족하고 불안하긴 하지만 크게 문제 될 것 같지는 않다. 대신해 줄 사람도 있으니, 내 것만 챙기면 된다. 그 정도면 괜찮은 삶 아닌가? 그런데 정말 괜찮은가?

전체주의는 제2차 세계대전의 종결과 함께 끝나지 않았다. 히틀러와 무솔리니가 사라지고 수많은 사람을 죽음으로 몰아넣었던 집단수용소는 폐쇄되었다. 이제는 없어졌다고 생각한 전체주의적 폭력은 다른 모습으로 우리 주변을 맴돈다. 전체주의는 전범 재판이 열린 예루살렘에서 재기를 꿈꾼다. 예루살렘에서 아이히만과 대면한 아렌트는 우리 안에 잠자고 있던 전체주의의 망령이 깨어나 세계를 활보할 것임을 경고한다. 아직도 전체주의의 망령이 우리 곁을 맴돌고 있다.

● 예루살렘에서 만난 보통 사람 아이히만

전체주의는 히틀러의 광기와 아우슈비츠의 절규로 기억된다. 그리고 전 세계는 나치즘과 파시즘의 전체주의적 폭력이 남긴 전쟁의 상흔으로 한동안 슬퍼했다. 전쟁 범죄자들에 대한 재판이 독일의 뉘른베르크와 일본의 도쿄에서 열렸지만, 그 결과는 모두의 아픔을 치유할 만큼 충분하지 않았다. 집단수용소와 무국적자로서 오랜 시간을 보내며 그 폐해를 경험했던 아렌트는, 다른 지식인들이 애써 외면하고 싶어 했던, 절대악 혹은 근본악의 문제에 매달렸다. 쉽게 답을 내릴 수 없어 고심하던 차에, 유대인의 심장부 예루살렘에서 전범 재판이 진행된다는 소식을 듣게 된다. 그리고 『뉴요커』의 객원 기자로 재판에 참여한 아렌트는 예상치 못한 상황과 대면한다.

1960년 아르헨티나의 부에노스아이레스 교외에서 이스라엘 비밀경찰 모사드는 리하르트 클레멘트를 체포하여 이스라엘로 압송했다. 그가 독일 나치의 국가안보 경찰국에서 유대인을 담당했던, '최종 해결'의 실무자 오토 아돌프 아이히만Otto Adolf Eichmann이다. 아이히만의 주된 업무는 히틀러의 인종주의 정책에 따라 유럽 전역에 퍼져 살던 유대인을 몰아내는 것이었다. 유대인 이송 업무를 맡았던 아이히만은 치밀한 계획으로 탁월한 성과를 냈고, 승승장구하여 '최종 해결'의 실무까지 맡았다.

아렌트는 예루살렘 법정에서 괴물이나 악마를 만날 줄 알았다. 아이히만은 수백만 명의 유대인을 죽음으로 몰아넣은 장본인이었기 때문이다. 하지만 그녀가 만난 아이히만은 우리 주변에서 흔히 볼 수 있는 평범한 이웃이었다. 절대악의 문제를 해결할 단초를 찾을 것이라 기대했던 아렌트는 예상치 못한 상황에 당황했다. 그가 악의 화신이나 괴물처럼 굴었다면 좋았을 것이다. 이스라엘 법정조차 아이히만이 괴물임을 입증하려고 온갖 방법을 동원하여 멋진 쇼를 기획했었다. 가족이나 지인을 잃은 수많은 유대인이 증언하고 오열했다. 아이히만이 저지른 범죄는 너무나 명백했고 사형은 당연한 판결이었다. 하지만 아이히만은 후회하는 기색도 없이, 유대인들이 차려놓은 다채로운 쇼의 그럴듯한 주인공 되기를 거부했다. 그가 보여준 것은 표정 없는 간단한 답변, 그것이 전부였다.

아렌트가 만난 아이히만은 악인이 아니었다. 오히려 자신이 무슨 짓을 했는지조차 모르는 사람처럼 보였다. 사람들은 그가 얼마나 악한 사람인지 증명하려고 전력을 다했다. 하지만 그는 자기 임무를 잘 처리한 성실한 공무원이자 평범한 가정의 가장일 뿐이었다. 아이히만은 독일 제국이 승전했다면 훈장을 받았을 것인데 패전했기에 사형당할 뿐이라고 자신을 추켜세우는 한편, 독일 제국이라는 거대한 기관을 움직이는 여러 톱니바퀴 가운데 하나일 뿐이라고 자신을 낮추기도 했다. 아이히만에게서 수많은 사람을 죽음으로 이끈 악함의 원형을 찾을 수 없었다. 그의 악행은 명백했으나 악함의 원인을 알 수 없는, 그래서 이제까지 만나지 못했던 새로운 유형의 악인이었다고 판단할 수밖에 없었다.

> 아이히만에게서 나타나는 천박함에 충격을 받았고, 소름이 끼치는 그의 행적들에 내포된 악의 심층적 근원이나 동기를 추적하고 싶었으나 불가능했다. 아이히만이 재판을 받던 당시 매우 인상적이었던 것은 그가 아주 정상적이었고, 평범하면 평범했지 결코 악마적이거나 괴물 같지 않았다는 점이다. (LM, 47)

재판 전 진행된 대질 신문에서 아이히만은 변호사를 통해 '신 앞에서는 유죄지만, 법 앞에서는 무죄'라는 소견을 밝혔다. 수백만의 유대인을 죽음으로 이끌었지만, 그렇다고 죄의식 없이 살인을 즐기는 사이코패스는 아니었다. 그의 정신 상태를 검사한 정신과 의사들의 판정은 놀랍게도 정상이었다. 그렇다면 유대인 혐오나 나치의 세뇌 교육이 원인이었을까? 아니다. 아이히만은

"변태적이거나 사디스트적이지 않았으며, 끔찍하리만큼 정상적"이었다. 아이히만은 셰익스피어의 비극에 등장하는 맥베스나 이아고가 아니었으며, "악인임을 증명하기로" 결심한 리처드 3세도 아니었다. 자신의 개인적 발전을 도모하기 위해 각별하게 근면했던 것을 제외하고 어떠한 동기도 가지고 있지 않았다. 다만 그의 가장 큰 문제는 자신이 무엇을 하고 있었는지 깨닫지 못했다는 것이다(EJ, 287).

아이히만은 자신이 하는 일이나 결과보다 자기에게 미칠 영향력을 더 중요하게 여겼다. 변론 과정에서 그는 자기 삶에서 중요한 전환점이 되었거나 가치 있는 것들만 기억했다. 아이히만은 입신양명하고 싶어 했다. 아돌프 히틀러처럼 성공하고 싶었다. 다행히 '최종 해결'에 대한 최소한의 양심은 남아 있었다. 그렇다고 해서 눈물을 흘리며 자기 죄를 반성하지는 않았다. 그가 걱정했던 것은 가스실에 보내진 수백만의 유대인이 아니었다. 능력이 부족해서 그 일을 제대로 하지 못할 것을 걱정했다. 아이히만은 자기 일에 최선을 다했다. 착실하고 치밀하게 계획을 세웠고, 계획에 맞춰 유대인을 죽음으로 몰아넣었다. 무슨 일이든 최선을 다한다는 것은 좋은 삶의 태

125

도다. 그렇다고 이런 일까지 최선을 다해야 했을까?

아이히만은 이상주의자이기도 했다. 자신의 이상에 부합하는 일이라면 설령 그것이 유대인을 탈출시키는 것이어도 상관없었다. 자기 신념을 실현하려고 애쓰는 유대인과 이상을 실현하려고 노력하는 자신 사이의 묘한 공감대가 있었다고 한다. 유대인을 가스실로 보내면서 탈출도 도왔던 이중적 모습을 보여주었다. 아이히만은 자신을 이상을 실현하기 위해 모든 것을 희생할 수 있는 사람이라고 생각했다. 그래서 아이히만은 총통의 명령이라면 아버지조차 가스실로 보낼 수 있다고 경찰 심문에서 밝혔다. 총통의 명령에 무조건 복종하고 자기 이상을 실현하는데 아버지의 희생쯤 별것 아니라는 강력한 의지의 표현이었다. 도대체 어떤 사람이길래 그런 결정을 내릴 수 있었을까?

● **악의 평범성에 관한 보고서**

예루살렘에서 돌아온 아렌트는 『예루살렘의 아이히만: 악의 평범성에 관한 보고서』를 내놓는다. 이 책은

126

재판 기록물이지만, 후기에 등장한 단어 하나가 엄청난 논쟁을 불러온다. 악의 평범성the banality of evil. 악함은 선택된 소수의 잘못된 행동이 아니라 누구나 저지를 수 있는 평범한 것이다. 그리고 당신도 예외일 수 없다. 이 말은 아렌트가 아이히만을 감싸고 돈다는 오해를 불러일으켰다. 그리고 이렇게 유대인의 심장에 비수를 꽂는다. '당신도 예외 없이 아이히만이 될 수 있다.'

'최종 해결'의 실무자였던 아이히만의 행동은 부인할 수 없는 명백한 범죄다. 아렌트 역시 인정하는 바다. 법정에서 마주한 아이히만이 원래부터 악인이었다면 모든 문제가 쉽게 풀렸을 것이다. 그냥 악하게 태어난 사람이 악행을 저지르니, 그런 사람이 아예 태어나지 않게 싹을 도려내면 될 것이었다. 안타깝게도 그는 지극히 평범한 사람이었다. 정신적으로 문제가 있지도 않고, 지독하게 유대인을 혐오하거나 증오하라고 세뇌당하지도 않았다. 그저 일상에서 자주 만날 수 있는 평범한 아저씨였다. 그런 아이히만에게서 다른 사람이 발견하지 못한 악행의 낯선 원인을 발견한다. 그의 평범함 밑에 숨겨진 무능력함이었다. 아이히만은 특별한 동기가 있어서가 아니라 자기가 하는 일이 정확하게 무엇이었고 어떤 결과를 가져올지 생각하지 않았기에 악행을 저지른 것이다. 평범한 아이히만이 악행을 저지른 것은 악인이어서가 아니라 생각하는 데 무능력해서였다.

몇 년 전, 예루살렘에서 있었던 아이히만 재판을 보고하면서, 나는 '악의 평범성'에 대해 언급했으며, 이것은 이론이나 원리가 아니라 매우 사실적인 어떤 것, 즉 거대한 규모로 저질러진 악한 행동의 현상을 의미하는데, 그것은 행위자에게 있어서 연약함, 병폐, 혹은 이데올로기적 확신에 대한 어떠한 개별성을 발견할 수 없었으며, 행위자의 개인적인 차이만이 터무니없는 천박함이란 가정이었다. 행위가 아무리 극악무도하다 할지라도, 행위자가 극악무도한 것도 아니며 악마적이지도 않으며, 재판과 이전의 경찰 조사 과정에서 나타난 그의 행동뿐만 아니라 과거에 있어서 파악할 수 있는 유일하게 특징적인 것은 전적으로 부정적인 어떤 것이었다. 그것은 우둔함이 아니라 흥미롭게도 전적으로 생각함의 무능력이었다.[22]

아이히만이 괴물이었으면 차라리 좋았을 것이다.

그렇다면 사람들은 악함에서 벗어날 수 있었을 것이다. 하지만 아이히만은 주변에서 흔히 볼 수 있는 평범한 사람이었다. 선천적인 악인도 아니고 악행을 저지르려고 애쓴 사람도 아니었다. 그는 생각하고 말하는 데 무능력한 정치적 행위 능력이 부족한 사람이었을 뿐이다. 문제는 아이히만만이 아니라 다른 사람들도 그럴 수 있다는 것이다.

생각하기 귀찮거나 의견이 있어도 말하지 않는 일은 비일비재하다. 그렇다고 해서 아이히만처럼 살인에 가담한 것은 아니다. 살인이나 도둑질한 범죄자만 악하다고 생각한다. 하지만 죄수복을 입고 교도소로 향하는 사람만 악한 것은 아니다. 제멋대로 생각해서 억지를 부리거나 남을 배려하지 않아 피해를 주는 일상생활의 소소한 잘못도 악함이다. 다른 사람을 배려하지 않는 마음도 잘못이다. 아이히만은 자신의 부귀영화를 위해서는 치밀하게 계획을 세우고 철두철미하게 일을 마무리하지만, 그 계획에 다른 사람에 대한 배려가 없었다. 생각하는 데 무능력함은 생각할 능력 없음만이 아니라 자신 이외에 다른 사람을 배려하지 않음도 포함한다.

아이히만은 생각하는 데 무능력하고 말하는 데도

무능력했다. 『1984』에서는 언어 조작으로 사람들을 통제한다. 단어의 의미를 하나로 통일해서 생각이 확장되지 않도록 한다. 똑같이 생각하고 똑같이 말하게 해야 사람들을 효과적으로 통제할 수 있다. 언어를 조작하거나 소멸시키면 그에 따라 생각도 조작되거나 통제된다. 나치의 통치 또한 조작된 언어로 사람들의 저항을 무력화시켰다. 언어 통제에 최적화된 이가 아이히만이다.

> 아르헨티나나 예루살렘에서 회고록을 쓸 때나 검찰에게 또는 법정에서 말할 때 그의 말은 언제나 같았고, 똑같은 단어로 표현되었다. 그의 말을 오랫동안 들으면 들을수록, 그의 말하는 데 무능력함inability to speak은 그의 생각하는 데 무능력함inability to think, 즉 타인의 처지에서 생각하는 데 무능력함과 매우 깊이 연관되어 있음이 점점 더 분명해진다. 그와는 어떠한 소통도 가능하지 않았다. 이는 그가 거짓말하기 때문이 아니라, 그가 말과 다른 사람들의 현존을 막는, 따라서 현실 자체를 막는 든든한 벽으로 에워싸여 있었기 때문이다.
> (EJ, 49)

아이히만만 생각하고 말하는 데 무능력할까? 자신을 되돌아보자. 인간은 1분 1초도 쉬지 않고 생각한다. 생각하는 대상은 누구이고 무엇일까? 천상천하 유아독존, 나만 남고 아무도 없는 것은 아닌가? 세상과의 사이에 높고 단단한 벽을 세워 아무도 들어오지 못하게 막고 있지 않은가? 아이히만만 생각하고 말하는 데 무능력하지 않다. 누구나 그럴 수 있다. 예외는 없다. 악은 평범하다는 아렌트의 말은 누구나 예외 없이 아이히만이 될 수 있다는 경고다. 아이히만은 전체주의라는 괴물이 낳은 우리의 민낯이다. 생각하고 말하는 자유를 뺏은 전체주의는, 함께 생각하고 소통하는 것 또한 금한다. 새로운 생각이 전체주의의 족쇄를 깨뜨리고, 자유를 가져다줄 것을 알기 때문이다. 아이히만이 되지 않으려면 우리는 어떻게 해야 하는가?

전체주의는 여전히 우리 안에 있다. 과학기술의 발전은 온라인과 오프라인으로 공론장을 확장했으며, 규제와 검열을 완화하여 많은 이야기가 오가도록 했다. 정치적으로 좋은 세상이 올 줄 알았는데 현실은 아니다. 공론장이 늘면 늘수록, 이야기가 많아지면 많아질수록, 생각하고 말할 기회는 줄어든다. 엄청난 정보와 가짜뉴스가 이야기의 신뢰성을 파괴하고, 인공지능과 결합한 검색 엔진 덕에 굳이 생각하지 않아도 되었다. 단어만 넣으면 이야기가 생산되는, 내 생각이 아닌 정보가 짜깁기한 이야기가 만들어지는 시대다. 수고하지 않아도 결과를 손에 얻을 수 있어 편해졌다고 한다. 생각하지 않아도 말할 수 있고, 말하지 않아도 소통할 수 있다고 한다. 이것이 우리가 원하는 진짜 인간다운 삶인가? 아무것도 생각하지 않고 아무것도 하지 않으면, 인간은 무기력해지고 무능력해진다. 생각하고 말하는 데 무능력한 우리, 우리는 부지불식간에 아이히만이 되고 있다.

6

정치적 행위의 무대, 깨끗한 공론장

● 세상을 바꾸는 정치적 행위

『성냥팔이 소녀』는 가난한 소녀가 성탄절 전야에 성냥을 팔러 나갔다가 결국은 얼어 죽는다는 안데르센의 동화다. 성냥불이 보여준 환상으로 소원을 이뤘으니 소녀가 죽는다고 해도 불행한 결말은 아니지 않느냐고 한다. 왕자는 못 만나도 오래오래 살았다고 해야 동화 아닌가. 어쨌든 그런 안데르센의 동화를 비틀고 재구성한 것이 엠마 캐롤의 『성냥팔이 소녀의 반격』이다. 성냥팔이 소녀 브리디는 성냥에 소원을 빌지만 얼어 죽지 않는다. 오히려 사람들의 생각을 모아 세상을 바꾸는 강력한 힘의 전사가 된다.

성냥팔이 소녀 브리디는 엄마의 해고로 성냥 공장의 실상을 알게 된다. 좋은 삶, 다른 삶을 살고 싶었던 브리디는 성냥에 소원을 빈다. 가난한 사람들이 일한 만큼 가질 수 있고, 그들의 가족이 행복하길 빈다. 그리고 성냥의 마법이 소원을 진짜로 만든다. 부당해고 되었던 엄마는 복직하고, 공장의 열악한 작업 환경이 조금 나아졌다. 1888년 영국 런던에서 일어난 성냥 공장 파업을 토대로 한 이 소설은 세상을 바꿔보겠다는 생각을 실천에 옮기는 사람들의 집단 의지를 담고 있다. 이들은 폭력이 아닌 공론장의 소통, 즉 진지한 회의와 협상으로 변화의 길을 열었다. 폭력이 아니라 정치적 행위로 세상이 변할 수 있음을 보여주었다.

20세기는 전체주의의 억압과 전쟁이라는 폭력이 만들어낸 어둠의 시대였다. 생각을 금지하고 침묵을 강요했던 나치의 집단수용소 생활, 그리고 시민권 없이 떠돌았던 수년 간의 난민 생활을 경험한 아렌트는 우리에게 어둠을 깨뜨리고 빛이 있는 새로운 시대로 나갈 것을 요구한다. 새로운 시대에 자유롭게 생각하고thinking, 의지하며willing, 판단하는judging 자유로운 정치적 행위의 주

134

체가 되라고 요구한다. 정치적 행위는 서로 다르다는 것을 인정하는 것에서 출발한다. 정치적 영역인 공론장에서 정치적 자유와 정치적 평등을 실현하는 정치적 행위의 주체가 되는 것, 이것이 정치적 인간의 삶이며 아렌트가 바라는 정치다.

　　반복적으로 등장하는 '정치'를 설명하는 것은 쉬운 문제가 아니다. 1987년 6월 민주 항쟁 이후 비로소 정치에 '민주주의적'이라는 수식어를 쓸 수 있는 시대로 진입했다고 본다면, 우리의 정치 역사는 40여 년밖에 안 된다. 반쪽짜리 역사라도 괜찮다 해도 고작 70여 년이다. 한국 전쟁 이후, 한강의 기적이니 아시아의 네 마리 용이니 하며, 국가 주도적 경제 발전을 시행했었다. 짧은 시간에 급격하게 발전한 경제 정책의 후유증은 지금의 불안한 경제 현실로 이어지고 있다. 번갯불에 콩 구워 먹듯, 짧은 시간에 민주주의적 정치를 완성하려고 한다면, 경제와 마찬가지로 정치적 불안정을 피하기 어려울 것이다. 엎친 데 덮친 격으로 2020년에 시작된 코로나 팬데믹이 마구잡이로 만들어낸 낯선 정치적 및 경제적 상황에 어떻게 대응해야 할지 여전히 난감한 상황이기도 하다. 펠로폰네소스 전쟁 이후 질서를 잡기 위해 아테네는 소크라테스의 죽음을 선택했다. 그렇다면 지금의 위기를 벗어나려면 우리는 무엇을 선택해야 하는가?

2016년 광화문 광장에 타올랐던 촛불이 채 꺼지지도 않았는데, 우리는 또다시 힘든 시기를 맞이하고 있다. 함께 머리를 맞대고 논의해도 해결책을 찾을 수 있을지 난감한데, 두 패로 갈린 채 서로를 비난하느라 바쁘다. 매일 열리는 정치 집회는 생각이 다른 사람의 방문을 허용하지 않은 채 꽉 닫혀 있다. 한 치의 양보도 없이 이어지는 살얼음판의 줄다리기, 그것이 현재 우리가 직면하고 있는 정치 현실이다.

● 오염된 공론장 정화하기

말하는 사람은 있으나 말을 듣는 사람은 없는, 날이 선 공론장의 정치적 대화가 서로를 물고 뜯는다. 정치적 자유와 정치적 평등이 사라진 공론장에서 좋은 삶을 위한 한 걸음을 내디딜 수 있을까? 제임스 호건은 말한다. "진정한 민주주의 담론이 이루어지려면 깨끗한 광장이 필수적이며, 이를 위해 양극화를 부추기는 프로파간

다를 제거하고 합리적인 대화를 나눌 수 있는 환경을 조성해야 한다."[23]

　　우리의 광장은 어떠한가? 광화문 광장의 촛불은 거대한 파도였다. 격렬하게 몸싸움할지라도 함께 부딪쳤고, 오염된 세상을 집어삼켜 정화할 듯싶었다. 하지만 시간이 지나도 우리의 광장은 정화되지 않았다. 오히려 공론장은 산산이 부서져 흩어지고, 다른 사람의 접근을 거부한 광장은 자기들만의 세상이 되었다. 다양한 의견은 강제된 구호에 파묻혔다. 이제 광장은 공론장이 아니다. 생각하지 않는 사람들의 무분별한 감정의 배출구다. 『새왕의 방패』에 이런 말이 나온다. "평화의 형태, 평화의 질은 창이 결정하는 것도 방패가 결정하는 것도 아니다. 사람의 마음이 결정하는 것임을 깨달았다."[24] 더 좋은 삶, 평화로운 삶을 원한다면 깨끗한 광장에서 함께 이야기해야 한다. 우리가 오염된 광장을 직접 청소해야 한다. 오염되지 않은 깨끗한 광장, 자유로운 정치적 행위가 자발적으로 펼쳐질 깨끗한 공론장을 만들어야 한다.

　　깨끗한 공론장을 만드는 제일 중요한 몫은 공론장의 행위 주체인 인간이 담당한다. 진리와 거짓을 구분하고 무조건 복종하지 않는 비판적 자세를 취하는 인간, 자유롭게 생각하고 판단하며 행동하는 인간이어야 한다. 이래야 함을 모르는 사람이 있을까? 그러나 두통으로 고생하기보다 검색 프로그램의 도움을 받는 게 편하고, 혼자 잘난 척하기보다 생각 없이 남들 하는 대로 따라 사는 게 낫다. 이런 삶이 파블로프의 개가 보여준 반응이나 꼭두각시 인형의 몸짓과 무엇이 다른가. 전체주의적 폭력의 마력은 너무 거대하다. 여기에서 벗어나려면 인간다움을 지켜야 하고, 그렇게 하려면 몇 가지 조건이 필요하다. 그 가운데 아렌트의 정치적 행위와 관련하여 몇 가지를 다뤄보려고 한다.

● 다른 사람과 의사소통하기: 이야기하기

깨끗한 공론장을 만들기 위해 우리가 챙겨야 하는 조건은 이야기하기story-telling다. 이야기하기는 행위의 한 방식이다. 정치적 행위는 경제적 안정을 토대로, 공론장에서 자유롭게 생각하고 말하는 의사소통이다. 공론장의 주제를 생각하는 것은 각자의 몫이다. 생각한 것을 말할 때, 상대를 설득하고자 연설하는 것이 아니라 자기 의견을 편하게 이야기하면 된다. 그것이 이야기하기다. 이야기하기는 합의에 이르기보다 각자의 처지에서 심사숙고한 자기 의견을 서로 주고받는 것이다. 설득해서 합의에 이르면 좋겠지만 반드시 그래야 할 필요는 없다. 그런 점에서 아렌트의 행위는 불확실하지만 매력적이다.

행위는 혼자 떠들지 않고 다른 사람과 이야기를 주고받는 것이다. 절대 진리나 통치 이데올로기로 조작하거나 계획하지 않고 보고 느끼고 생각한 것을 말한다. 말할 내용은 새로운 것이 아니라 과거를 기반으로 현재에서 미래로 향하는 시간적 경험에 근거한다. 자신만의 경험이기에 다른 사람의 이야기와 다르고, 다른 이야기가 모여 다양한 스펙트럼을 만든다.

18세기 독일에서 살롱을 운영했던 라헬 파른하겐의 전기를 썼던 아렌트는, 그녀의 삶에 자신의 삶을 투영한다. 유대인이면서 독일인으로 살아야 했던 라헬은 유대인으로서 자기 정체성을 끝까지 지킬 것인지, 아니면 독일인으로 동화되어 살지 선택해야 했다. 후자라면 삶은 편할지 모르지만, 라헬이라는 자신은 사라질 것이다. 그렇다고 전자를 택하자니 쉽지 않다. 자신을 잃고 싶지 않았던 라헬은 살롱에서 수많은 학자와 예술가를 만나 이야기를 나누며 의식 있는 파리아the conscious pariah의 삶을 살고자 노력했다.

> 진실을 말하는 것이 아니라 자신을 나타내는 것이며, 모든 사람에게 항상 같은 말을 하는 것이 아니라 각자에게 알맞은 말을 하는 것이었다. 그녀는 인간이란 오직 독특한 인간으로서만, 상대가 귀 기울이게끔 하면서 독특한 것을 말할 수 있음을 배웠다. (RV, 152)

이야기하기는 있는 말을 있는 그대로 풀어내는 말하기가 아니다. 적절하고 유연하게 내용을 꾸며가며 사람들과 이야기하는 것이다. 같은 내용을 반복하지 않고 다양하게 변주한다. 이야기는 공론장에서 진행된다. 공론장에서 나는 고독한 여행자가 아니라 왁자지껄 떠들며 함께 가는 단체 여행자다. 내가 내뱉는 이야기는 거짓이 아니라 의견이다. 내 생각이 응축되어 내가 누구인지를 알게 하는 의견이다. 그것이 다른 사람과 다른 나를 만든다.

이야기하기에는 진실과 거짓, 사실과 의견이 뒤섞인다. 아렌트에게 사실과 의견은 서로 분리되지만 적대적이지 않은, 같은 영역에 속하는 것이다. 사실은 의견에 정보를 제공하고, 의견은 사실적 진리를 존중하는 한에서 정당화된다(BPF, 238). 이야기하기에서 다른 사람이 알수 있도록 자기 방식대로 말하는 것이 중요하다. 이것은 매번 새로운 이야기를 만들어내라는 것이 아니다. 말을 듣고 글을 읽었을 때 자기 생각인지 알게 만들라는 것이다. 외출할 때마다 새 옷을 사서 입을 수는 없다. 상의나하의 가운데 하나를 다른 것으로 바꿔 입든가 스카프나펜던트로 변화를 준다면, 같은 옷이더라도 다른 분위기를 연출할 수 있다. 옷 잘 입는다는 평가를 받을 수도 있다. 이야기도 마찬가지다. 같은 이야기일지라도 상황에따라 다르게 표현할 수 있다. 변화를 주면서도 자기 것인지 알게 하는 것, 그것이 글과 말의 주체성이며, 이야기하기가 가져야 할 자기 정체성이다.

● 치우치지 않는 마음 갖기: 불편 부당성

깨끗한 공론장을 만들기 위한 두 번째 조건은 불편 부당성impartiality이다. 공론장에서 우리는 자유롭고 평등하게 서로의 생각을 주고받아야 한다. 한쪽으로 치우

치면 다양한 의견이 나오기 힘들다. 완벽할 수는 없지만 가능한 한 공평하게 하려고 노력하는 태도가 불편 부당성이다. 공평함은 있는 것을 적절하게 나누는 것에 그치지 않고 넓어져야 한다. 자기 생각을 확장해서 다른 사람까지 고려하는 것, 즉 다른 사람의 처지에서 생각하는 것도 필요하다.

불편부당하게 판단하려면 생각의 영역을 넓혀야 한다. 이것이 '정신의 확장enlargement of the mind'이다. 존재하지 않는 것을 존재하게 만드는 정신의 능력인 상상력이 이것을 가능하게 한다. 상상력은 다른 사람의 생각을 내 생각으로 가져와 비판하고 받아들이는 데 필요하다. 상상력은 너무 가까이 있는 것은 거리두기를 해서 편견이나 선입견 없이 보고 이해할 수 있게 해주고, 너무 멀리 떨어져 있는 것은 마치 우리 일인 것처럼 보고 이해할 수 있도록 먼 거리의 심연에 다리를 놓아준다.

하지만 상상력은 가끔 우리를 나쁜 길로 이끈다. 사람들은 상상력을 발휘해서 사실과 사실, 소재와 소재의 틈을 조작한다. 상상력이 조작한 이야기는 사람들의 믿음을 이용해 사실이나 진리인 척한다. 사람들에게 사실인지 아닌지는 중요하지 않다. 믿느냐 믿지 않느냐가 중요하다. 칸트와 헤겔의 철학으로 무장한 독일 국민이 나치의 전체주의적 만행에 어떻게 동조할 수가 있느냐는 비판이 있다. 아마도 그때는 그것이 사실이냐 아니냐가 아니라 그것을 믿어야만 했었을 것이다. 아니 믿을 수밖에 없었을 것이다. 우리도 다르지 않다. 경제 대통령을 뽑으면 경제가 안정될 것이라 믿었다. 믿을 수밖에 없었다. 강을 파헤쳐 뭔가 하는 듯싶었다. 하지만 아무것도 없었다. 여전히 불안한 경제에 통장 잔액은 마이너스다. 아마 같은 상황이 반복되어도 같은 선택을 할 것이다. 그때 독일인들처럼, 그때 우리처럼.

공론장에서 이야기하다 보면 제대로 판단하기 위해 거리를 두거나 가까이하고 싶은 의견을 만나게 된다. 의견과 불편부당하게 만나려면, 처지를 바꿔 생각한다는 역지사지를 떠올리면 된다. 상상력은 서로의 처지를 바꿔 생각할 수 있게 한다. 다른 사람의 의견을 판단하는 비판적 사고는 개인의 몫이지만, 상상력으로 다른 사람의 처지를 고려할 수 있다면 모두의 몫이 된다. 상상력은 개인의 생각을 다른 사람과 연결하고, 그로부터 정신은 확장된다. 서로의 의견 사이를 자유롭게 넘나들면서 불편부당하게 생각하고 판단하며 정신을 확장한다면, 서로를 이해하는 의사소통은 가능해질 것이다.

● 한 걸음 앞으로 나아가기: 이해

깨끗한 공론장을 만들기 위한 세 번째 조건은 이해understanding다. 공적 영역에서 진행되는 대화는 서로의 이해와 소통을 요구한다. 공적이며 집단적이기에 대화는 정치적이다. 정치적 행위 주체인 정치적 인간은 정치적 대화에서 불편부당하게 판단하려고 노력해야 한다. 그렇게 하는 데 필요한 것이 말하는 사람과 듣는 사람 사이의 이해다.

이해는 터무니없는 것을 거부하거나, 선례로부터 전례가 없는 것을 도출한다거나, 현실의 영향과 경험의 충격을 더 느끼지 못하는 유비와 일반성으로 현상을 설명하는 것이 아니다. 그것은 오히려 우리 세기가 우리에게 지워진 짐을 의식적으로 조사하고 경험하는 것이다. 간단히 말해서 이해는 미리 생각해두지 않은 것, 즉 그것이 무엇이든지 간에 현실과 조심스레 부딪치고 저

항하는 것이다. (OT, viii)

이해는 상황을 그대로 받아들이는 것이 아니라 분노해야 할 것에 분노하고 저항해야 할 것에 저항하는 힘을 갖는 것이다. 아렌트가 예루살렘에서 아이히만의 단죄가 아니라 누구나 아이히만이 될 수 있으니 조심하라는 경고에 목소리를 높인 것은, 제2의 아이히만이 등장하지 않길 바랐기 때문이었다. 하지만 아이히만을 미화하고 용서하는 것처럼 보인 아렌트를 용납할 수 없었던 유대인의 분노는 거셌다.

아이히만을 이해하는 것과 아이히만을 용서하는 것은 다르다. 용서는 이해와 관련이 없고, 이해는 용서의 조건이나 결과가 아니다. 아렌트는 아이히만을 용서가 아니라 이해했다. 아이히만을 제대로 이해해야만 똑같은 일이 되풀이되지 않게 방비할 수 있기 때문이다. 마찬가지로 전체주의를 이해한다는 것은, 전체주의가 저지른 범죄를 용서한다는 것이 아니다. 전체주의가 어떤 것인지 제대로 알아야 두 번 다시 그런 어둠의 시대가 되풀이되지 않을 것이기 때문이다. 이해는 용서가 아니라 분노이며, 방임이 아니라 저항이다. 내용을 정확히 알고 이해

145

함으로써 예상치 못한 일들에 대비해야 한다.

● 권리를 요구할 권리: 정치적 권리

깨끗한 공론장을 만들기 위한 마지막 조건은 정치적 행위 주체인 인간의 정치적 권리를 보장하는 것이다. 1907년 헤이그에서 만국평화회의가 열렸다. 대한제국의 고종은 일본의 만행을 규탄하고 자국의 독립 의지를 알리기 위해 3인의 특사를 파견했다. 그러나 외교권이 없다는 이유로 회의 참석을 거부당했고, 그의 호소문은 읽힐 기회를 잃었다. 만국평화회의가 말 그대로 평화를 위한 공론장이었음에도, 자국민의 평화를 지키려는 고종의 의지는 법적 권리가 없다고 거부되었다. 이것은 지난 과거의 한 장면이 아니다. 권리가 없다는 이유로 말할 기회조차 없는 상황은 모습을 달리한 채 여전히 남아 있기 때문이다.

공론장은 자유로운 정치적 행위의 공적 영역이다. 이곳은 법적 기본권으로 유지되며, 기본권은 사람들의 자유로운 소통을 법적으로 보장한다. 법적 권리는 한 사람에게만 적용되는 것이 아니라 모두에게 적용되는 집단적 조건이기에 정치적이다. 따라서 법적 권리는 정치적 권리다. 정치적 권리는 자기 의견을 말하고 그 결과 일어날 일로 불의를 경험하지 않도록 보호하는 안전망이다. 안전망이 제 역할을 하지 못하면, 자유가 파괴되고 생존까지 위협당한다. 외국 여행에서 국적은 문제가 발생했을 때 국민을 보호하는 안전망이다. 난민이 제대로 보호받지 못하는 것은 그들을 보호할 안전망인 국적, 다시 말해 정치적 권리가 없기 때문이다.

정치적 권리를 상실한 사람들의 재앙은 생명, 자유, 행복 추구, 법 앞의 평등, 의견의 자유 등을 빼앗긴 것만이 아니라 어떤 공동체에도 속하지 않음이다(OT, 295). 공동체에 속하지 않음은 자유를 누릴 공적 영역 없음이다. 집단수용소에서 보여준 나치의 전체주의적 지배 방식은 개인에게 자유뿐만 아니라 그것을 누릴 공적 권리조차 허용하지 않음으로써, 인간의 본성 자체를 바꾸려고 했다. 이것이 20세기 전체주의가 가진 가장 잔인하고 절망적인 폭력의 모습이었다.

아렌트는 정치적 행위에서 자유를 누릴 법적 안전망으로 정치적 권리를 요구할 권리를 강조한다. 정치적 권리는 공론장에서 자유롭게 의사소통할 기회를 안전하게 보장한다. 정치적 권리를 가진 정치적 인간은 공론장에서 말을 통해 자기 존재를 확인하고, 다른 사람들과 함께 살고 있음을 알게 한다. "모든 사람은 여러 제도에서 이루어지는 논의와 의사 결정에 참여할 권리와 기회를 얻어야만 한다. 그런 민주주의 구조는 정부 기관의 의사 결정뿐만 아니라, 공통적 삶의 모든 제도의 의사 결정까지도 규제해야 한다"[25]는 아이리스 영의 말처럼, 공론장에 자유롭게 참여할 권리는 누구에게나 있다. 공론장에서의 정치적 행위는 인간다운 삶을 가능하게 하며, 새로운 시작으로 세계를 지속한다. 그렇기에 지금, 우리는 깨끗한 공론장, 자유로운 공론장이 필요하다.

7

한나 아렌트가 필요 없는 사회를 꿈꾸다

2024년 한 해를 마무리해야 할 때 우리는 불쾌하고 낯선 시작을 경험했다. 세상을 뒤엎을 것 같았던 거대한 정권의 쓰나미에 맞서, 국민의 거센 분노와 저항은 헌정사에 한 획을 그으며 거세게 타올랐다. 일촉즉발의 위기에 모두 한뜻이 되어 빠르고 현명하게 대처했다. 흘러가는 시간과 함께 꼭꼭 숨겨졌던 이야기가 들불처럼 퍼졌다. 사람들은 예전처럼 우왕좌왕하거나 넋 놓고 있지 않았다. 자신이 사랑하는 사람들을 위해 용기를 냈다. 길지 않은 민주주의 정치사에서 우리의 정치적 대처 능력은 시작이 나쁘지 않았다. 모든 것이 분명했고, 그렇게 보였다. 쉽게 불길이 잡힐 것이라 자만했다. 하지만 어느 순간 우리는 보이지 않는 적에게 가격당한 채 의식불명 상태에 놓였다. 그리고 여전히 깨어나지 못하고 있다.

세상과의 불일치보다 자신과의 불일치를 더 힘들어했던 소크라테스의 반성을 망각한 채, 잘못 접어든 길 위에서 헤매고 있음을 알면서도 발걸음을 멈추고 되돌아보길 망설인다. 분노하고 저항해야 할 적은 누구인가? 서로 다른 곳에서 구호를 외치는 그들은 서로의 적이 아니다. 적은 내 안에 있다. 생각을 멈추고 귀를 막은 채 괴성을 지르며 막무가내로 덤벼드는 내가 분노하고 저항해야 할 적이다. 몰라서 못 한다면, 순교자의 운명을 타고난 선각자가 분노하고 저항하라고 일깨워야 한다. 하지만 누가 선각자가 되어 십자가를 질 것인가.

나치의 전체주의에 저항했던 레지스탕스 스테판 에셀은 "분노할 일에 분노하기를 절대 단념하지 않는 사람이라야 자신의 존엄성을 지킬 수 있고, 자신이 서 있는 곳을 지킬 수 있으며, 자기 행복을 지킬 수 있습니다. 따라서 또 같이, 정의롭지 못한 일이 자행되는 곳에 압박을 가하는 것이 우리 각자가 해야 할 일입니다"[26]라고 말한다. 정치적 무관심과 침묵으로 일관하는 우리에게 불의에 맞서 분노하고 저항하는 것이 의무이며, 우리 자신을 지키는 일이라고 말한다. 저항은 자유롭고 자발적인 정치적 주체의 행위다. 저항은 권력에 대한 수동적 태도를 버리고 함께 행동하라는 비폭력적인 집단 의지의 표현이다. 우리의 저항은 공론장에서 정치적 행위 주체로서 능동적으로 문제를 해결하려는 강한 정치적 의지를 보이는 것이다.

"국가는 공공의 사물이다. 그리고 국민은 법의 합의에 의한 대중의 모임이며 이익을 함께 나누는 공동체다Res publica est res populi, Populus autem est coetus multitudinis iuris consensu et utilitatis communione sociatus"[27]라는 법 격언은 국가가 권력자 개인의 소유물이 아니며, 국민은 사적 이익을 취하는 개인이 아니라 공적 이익을 위해 연대해야 하는 공동체임을 알려준다. 지금 우리가 마주하고 있는 문제는 개인적인 것이 아니다. 한 국가의 국민으로서 무엇을 해야 할지를 고민하고, 함께 생각하고 함께 싸워야 할 모두의 문제다.

전체주의는, 스스로 생각해서 옳고 그름을 판단하고 행동하는 것이 아니라 시키는 대로 무조건 따르는 꼭두각시 인형으로 우리를 조작하기에, 폭력적이고 잔혹하다. 꼭두각시 인형이 아니라고 말하고 싶다. 정치적 행위 주체로서 당당하게 서고 싶다. 하지만 세상을 쉽고 편하게 살려면 시키는 대로 하는 것이 좋다는 달콤한 유혹에 무릎 꿇고 있는 자신을 발견하곤 한다. 그러나 인간은 쉽게 두 손 들고 포기하지 않는다. 불의한 현실에서 벗어나기 위해 무엇이든 해보려고 하는 것이 인간이다. 아렌트의 정치사상에 관한 관심이 높아지는 것도 그러한 노력 가운데 하나라고 생각된다. 생각하고 말하는 데 무능력하고 다른 사람을 배려하지 않는 독단이 인간을 악함으로 이끈다는 아렌트의 이야기는 지금 필요한 것이 무엇인지 생각하는 데 도움이 될 것이다.

아렌트의 정치적 행위는 함께 이야기하고 이해하고 설득하면서 조율하는 과정이다. 합의에 이르면 좋겠지만 꼭 그렇지 않아도 좋다. 공론장의 소통으로 얻어진 이해와 합의가 실현된다는 보장은 없다. 하지만 합의에 이르기 위해서 자유롭고 자발적인 소통이 필요하다는 것은 알아야 한다. 공론장에서 함께 문제를 해결하려는 의지가 있다면 안개에서 벗어나 제 길을 찾을 것이다.

"철학자들은 세계를 단지 다양하게 해석해왔을 뿐이다. 그러나 중요한 것은 세계를 변화시키는 것이다."(Feuerbach These XI) 해석은 과거에 대한 반성이며, 변화는 새로운 것의 시작이다. 이제껏 역사는 폭력으로 시작의 문을 열었다. 그러나 폭력이 만든 세상은 우리에게 인간다운 삶을 보장하지 않는다. 우리가 열어야 할 새로운 사회는, 아렌트가 재건하고 싶은 자유의 실현으로서 정치, 즉 자유롭고 자발적인 정치적 행위가 가능한 곳이다. 정치적 행위 주체로서 본성을 회복해야 하는 지금이 아렌트의 정치를 배워야 할 시간이다. 하지만 이런 생각도 든다. 모든 것이 제자리로 돌아가 누구나 자유롭게 행위하는 사회가 온다면, 아렌트의 정치를 배우지 않아도 될 것이다. 감히 그렇게 되길 꿈꿔본다. 아렌트의 정치가 필요 없는 사회를.

주

1   막스 베버(2007), 『직업으로서의 정치』, 전성우 옮김, 나남, 22쪽.

2   아리스토텔레스(2017), 『정치학』, 김재홍 옮김, 길, 제1권 참조.

3   『정치학』, 33쪽.

4   『정치학』, 47쪽.

5   『정치학』, 199쪽.

6   로마 공화정 시기부터 아우구스투스 황제 시기까지 로마 제국의 정치와 문화, 생활을 엿볼 수 있는 콜린 맥컬로의 대하소설 『마스터스 오브 로마』에서 많은 부분을 차지하는 인물이 율리우스 카이사르다. 철저한 고증을 거쳐 쓰인 소설이라 실제 역사와 크게 벗어나지 않는다는 평을 받고 있다. 이 책에서 로마의 정치가 어떤 식으로 진행되었는지를 확인할 수 있는데, 아리스토텔레스가 말하는 시민 혹은 정치가가 자기 역할을 하기 위해 어떤 일들을 하고 있는지를 잘 보여준다. 본문의 내용은 율리우스 카이사르와 그 주변의 이야기를 읽고 생각한 필자의 의견이라는 점을 밝힌다.

7   Hannah Arendt(1990), "Philosophy and Politics," *Social Research*, vol.57, no.1, p.81.

8   제임스 A. 콜라이아코(2005), 『소크라테스의 재판』, 김승욱 옮김, 작가정신, 59쪽.

9   『소크라테스의 재판』, 374쪽.

10   아리스토텔레스(2007), 『니코마코스 윤리학』, 이창우·김재홍·강상진 옮김, 이제이북스, 324쪽.

11   "Philosophy and Politics," p.80.

12 "Philosophy and Politics," p.73.

13 조지 오웰(2023), 『1984』, 김승욱 옮김, 문예출판사, 24쪽.

14 코르넬리우스 카스토리아디스(2001), 「자율적인 개인을 위하여」, 『프리바토피아를 넘어서』, 최연구 옮김, 백의, 36~37쪽 참조.

15 가이 스탠딩(2024), 『시간불평등』, 안효상 옮김, 창비, 139~147쪽 참조.

16 피터 란바우(2012), 『마그나카르타 선언』, 정남영·윤영광 옮김, 갈무리, 34쪽.

17 빌헬름 라이히(2006), 『파시즘의 대중심리』, 황선길 옮김, 그린비, 447쪽.

18 Karl Marx(1976), "Zur Kritik der Hegelschen Rechtsphilosophie. Einleitung," *Karl Marx-Friedrich Engels Werke*, Band 1, Dietz Verlag, Berlin, p.385.

19 니콜로 마키아벨리(2004), 『로마사 논고』, 강영인·안선재 옮김, 한길사, 245쪽.

20 칼 폰 클라우제비츠(2005), 『전쟁론』 1권, 김만수 옮김, 갈무리, 46쪽.

21 C. Wright Mills(1956), *The Power Elite*, New York: Oxford University press, p.171.

22 Hannah Arendt(1984), "Thinking and Moral Consideration: A Lecture," *Social Research*, vol.51, no.1, p.7.

23 제임스 호건(2021), 『광장의 오염』, 김재경 옮김, 두리반, 360~361쪽.

24 이마무라 쇼고(2024), 『새왕의 방패』, 이규원 옮김, 북스피어, 698쪽.

25 아이리스 매리언 영(2017), 『차이의 정치와 정의』, 김도균·조국 옮김, 모티브북, 206쪽.

26 스테판 에셀(2012), 『분노하라』, 임희근 옮김, 돌베개, 56쪽.

27 한동일(2025), 『로마인들의 지혜, 로마법의 법격언』, 박영사, 67~68쪽.